UNBEUGSAME LATEINZITATE

VON A BIS Z

TEXTE VON BERNARD-PIERRE MOLIN

Asterix plaudert aus der Schule, „Latinomanie" (S. 50).

VORWORT

Die meisten von uns verbinden Latein mit winterlichen Vormittagen in schlecht geheizten, zugigen Klassenräumen, undurchschaubaren Texten völlig unverständlicher Autoren, unmöglichen Deklinationen von Nominativ-Vokativ-Akkusativ-Genitiv-Dativ-Ablativ und schlechten Noten ... Unter solchen Umständen ist es schier unmöglich, die prägnanten Formulierungen, subtilen Feinheiten und eleganten Raffinessen des Lateinischen zu bewundern.

Dabei gehört diese tote Sprache zu unserem Alltag und taucht unvermeidlich in jedem Gespräch auf. Selbst wenn wir uns weder in die deutsche Etymologie noch in den wissenschaftlichen, medizinischen oder juristischen Jargon, der auf dem Altgriechischen und Lateinischen aufbaut, vertiefen, finden wir in der Umgangssprache zahlreiche Wörter, die geradewegs aus Rom stammen. So hätte Julius Cäsar Sie notabene um ein Curriculum Vitae, ein Alibi, ein Album, Ihre Agenda, ein Placebo oder eine Pille bitten können, et cetera und vice versa.

Latein ist im Alltag außerdem durch viele Zitate präsent, die wir sowohl in der Originalversion als auch übersetzt benutzen: *Alea iacta est! Veni, vidi, vici! Carpe diem!* oder *errare humanum est* ... Jeder Kontext bietet einen Vorwand für ein passendes lateinisches Zitat!

Seine Prägnanz und der rhythmische Klang (man nehme zum Beispiel das kleine Wortspiel, das die Stufen der Freundschaft beschreibt: *Amore, more, ore, re* – „durch Liebe, aus Gewohnheit, durch Worte, durch Taten") verleihen dem Latein etwas ausgesprochen Prägnantes, das besonders für Wortspiele und Humor geeignet ist.

Das haben Goscinny und Uderzo erkannt. Natürlich spiegeln die lateinischen Zitate, die sie in die *Asterix*-Abenteuer eingestreut haben, die Sprache der Römer samt ihrer Philosophie wider, zugleich sind sie aber auch witzig, weil der Widerspruch zwischen erhabener lateinischer Weisheit und der Situation der jeweiligen Comicfigur urkomisch wirkt. So murmelt zum Beispiel ein griechischer Ringer, der bei den Olympischen Spielen ziemlich ramponiert das Siegerpodest besteigt: „*Mens sana in corpore sano*, hieß es immer!"

René Goscinny hat zugegeben, im französischen Wörterbuch *Larousse* die rosa Seiten mit den Lateinzitaten geplündert zu haben, um die Sprüche daraus Cäsar und Dreifuß, dem gebildetsten Piraten der Antike, in den Mund zu legen. Als der *Asterix*-Autor einmal von einem waschechten, studierten Lateiner öffentlich zur Rede gestellt wurde, weil eine Textstelle nicht ganz zutreffend, gar falsch sei, verwies ihn unser

Spaßvogel auf das obige Lexikon: „Ich kann gar keine Fehler machen, ich hab nämlich nie Latein gelernt!"

Im Gegensatz zum bierernsten *Stowasser*, der unentbehrlichen Bibel eines jeden Lateiners, und zu allen alten Schulbüchern, die bei vielen die oben erwähnten Albträume ausgelöst haben, analysiert dieses Büchlein die Lateinzitate in *Asterix* mit einer guten Dosis gallischen Humors und der Hilfe des gelehrten Piraten Dreifuß.

Viel Spaß beim Lesen!

B.-P. M.

AB IMO PECTORE

Von ganzem Herzen

Asterix und der Arvernerschild, S. 18.

Diesen Ausdruck aufrichtiger Offenheit verwendet man im Deutschen noch heute gern, ähnlich wie in vielen anderen Sprachen wie Englisch (*from the bottom of one's heart*), Französisch (*du fond du coeur*), Japanisch (*kokoro no soko kara*) und sogar Esperanto (*en el fondo de la koro*).

Der feinsinnige lateinische Dichter Vergil, der diese Formulierung in die Welt setzte, verlieh ihr einen wehmütigen Unterton. Tränen, Gebete und Jammern steigen aus der Tiefe des Herzens auf. Übrigens bezeichnet *pectus*, von dem sich das deutsche Wort „pektoral" ableitet, etwas allgemeiner die Brust, in der sich ja das Herz, der Sitz der Gefühle, befindet. Herz heißt *cor* auf Latein, und *ex imo corde* bedeutet dasselbe wie *ab imo pectore*. Immerhin das Gegenteil von einem Bauchgefühl.

ACTA EST FABULA

Das Geschehene ist Geschichte

Die goldene Sichel, S. 43.

A

Sobald ein Theaterstück vorbei ist, muss man hinausgehen. Das war der eigentliche Sinn dieses Satzes, der im antiken Theater vom Bühnenintendanten, wie man ihn heute nennen würde, gerufen wurde. So gab er allen Zuschauern, einschließlich denen, die eingenickt waren, zu verstehen, dass es an der Zeit war, nach Hause zu gehen.

Mit *acta est fabula* kann man etwas zum Abschluss bringen – ein Abendessen, eine todlangweilige Sitzung oder eine Lateinstunde. Als der korrupte Senator Überdrus in *Die goldene Sichel* entlarvt wird, gesteht er mit diesen Worten seine Niederlage und das Ende seiner Karriere ein, tröstet sich aber gleich mit einem Hühnchen darüber hinweg.

Mit einer gewissen Großspurigkeit machte Kaiser Augustus diesen Spruch zu seinen letzten Worten, imitiert von Rabelais, der aus dem Leben schied mit: „Die Posse ist gespielt!" So hat jeder seine eigene Art zu sagen: „Ende!"

Das Kleineplus: *ite, missa est*

Im Französischen hat dieser Satz, mit dem der Priester früher die Messe abschloss (als sie noch auf Latein gehalten wurde), etwa dieselbe Bedeutung wie *Acta est fabula*. Nicht ganz korrekt übersetzt mit: „Die Messe ist gelesen." Im Deutschen heißt es auch: „Gehet hin in Frieden!" Damit ist gemeint: „So, das ist erledigt" oder „Ihr könnt jetzt gehen, das Gebet wurde zum Herrn geschickt." Halleluja!

Das Kleineplus: *Plaudite, cives!*

Mit diesem „Applaudiert, Bürger!" haben die Schauspieler nach einem Stück alle Zuschauer aufgefordert, Beifall zu spenden. Man kann hier eine Art Interessenskonflikt vermuten zwischen den Bühnenarbeitern, die das Publikum rasch hinausbefördern wollten (*acta est fabula*), und den Künstlern, die ihren Applaus forderten. Dieser Konflikt schwelt zwischen diesen beiden Berufsständen auch heute noch.

In der deutschen Version von *Asterix als Gladiator* wurde dieser lateinische Ruf übersetzt.

Asterix als Gladiator, S. 40.

AD AUGUSTA PER ANGUSTA

Durch die Enge zum Erhabenen

Der große Graben, S. 42.

So wie der Weg zur Hölle mit guten Vorsätzen gepflastert ist, nimmt der Weg zum Ruhm manchmal verschlungene Umwege. Dieses Zitat erinnert daran, dass man für den Erfolg Opfer bringen muss, denn hohe Gipfel werden nur von denen erklommen, die Mühen auf sich nehmen.

Beliebt wurde dieser Spruch nicht nur aufgrund seiner Weisheit, sondern weil Victor Hugo ihn in *Hernani* (1830) zur Parole der Verschworenen gemacht hat. Dieses Theaterstück löste durch seine dramaturgische Modernität die berühmte „Schlacht um *Hernani*" zwischen Klassikern und Romantikern aus.

In der dritten Szene des vierten Aktes treffen sich die Verschwörer vor dem Grab Karls des Großen, um die Einzelheiten für das Attentat auf König Don Carlos zu besprechen. *Ad augusta*, sagt jeweils einer. *Per angusta*, antwortet der andere. So besiegeln gelehrte, doch nichtsdestotrotz königsmörderische Lateiner den unheilvollen Pakt.

 DAS KLEINEPLUS: AD ASTRA PER ASPERA

„Durch Mühsal gelangt man zu den Sternen." Das von Hugo in *Hernani* benutzte Zitat ist nur eine Variante einer authentischen lateinischen Redensart: *ad astra per aspera*. Sie wurde zur Devise eines Apollo-Programms der NASA und ist seltsamerweise auch das Motto des US-Staates Kansas.

ALEA IACTA EST!

Der Würfel ist gefallen!

Asterix bei den Belgiern, S. 39.

Asterix und Kleopatra, S. 10.

> **Dreifuss dixit:**
> Alea bedeutet „Würfelspiel" auf Latein. Im Deutschen gibt es das Wort „aleatorisch" für „vom Zufall abhängig", abgeleitet vom lateinischen aleatorius, was „zum Würfelspieler gehörend" bedeutet.

Der lateinische Schriftsteller Sueton, der die *Kaiserviten* verfasst hatte und darum auf diesem Gebiet als Experte gilt, hat uns diese Worte Julius Cäsars überliefert. Wir befinden uns im Jahre 49 v. Chr. und Julius, der just Gallien erobert hatte, wollte mit seinen Legionen nach Rom zurückkehren. Um die Republik zu schützen, hatte der Senat jedoch untersagt, dass eine Armee die Grenze überschreitet, und die symbolisierte der Rubicon, ein kleiner Küstenfluss im heutigen Norditalien.

Doch wenn sich Cäsar einmal etwas in den Kopf gesetzt hatte, war er nicht mehr zu stoppen. Darum überschritt er die römischen Gesetze und den Rubicon. „Die Würfel sind gefallen!", rief er in der Originalversion (nach Ansicht einiger Spezialisten sogar auf Griechisch), bevor er mit seinen Truppen über den Fluss setzte.

Heute meint man mit diesem Satz, dass „alles entschieden ist", und zitiert ihn gerne vor einer kühnen, unwiderruflichen Entscheidung (Unterzeichnung eines Kaufvertrags, Eheschließung).

Das Kleineplus: Asterix in Spanien

In *Asterix in Spanien* wendet sich Cäsar beim Triumphzug an einen rothaarigen Sklaven. „Was macht Cäsar?", fragt ein Zuschauer und sein Nebenmann antwortet im französischen Original: „Il affranchit le rubicond." (Er lässt den Rotschopf frei.), was sich liest wie „Il franchit le Rubicon." (Er überquert den Rubicon.) Diesen Kalauer hat Gudrun Penndorf in der deutschen Version genial durch ein Shakespeare-Zitat ersetzt.

Asterix in Spanien, S. 22.

ARGUMENTUM BACULINUM

Ein schlagendes Argument

Der Sohn des Asterix, S. 16.

Um in einer Diskussion zu überzeugen, bietet die lateinische Rhetorik verschiedene Argumente: ein *argumentum ad personam* greift die Person an, ein *argumentum ad captandum* überrascht, ein *argumentum ad antiquitatem* oder *ad novitatem* beruft sich auf Traditionen beziehungsweise Neues. Zu nennen wären noch das *argumentum ad metum* (durch Angst), *ad misericordiam* (durch Mitleid), *ad numerum* (durch die Mehrheit) oder *ad populum* (durch das Volk).

Beim *argumentum baculinum – baculum* bedeutet „Stock" auf Latein – „überzeugt" man den Gegner nicht mit Worten, sondern (rohen) Taten. Allerdings ist dabei nicht unbedingt eine Waffe vonnöten, wenn die Fäuste des Diskutanten laut genug sprechen können.

AUDACES FORTUNA JUVAT

Den Tapferen hilft das Glück

Asterix und der Arvernerschild, S. 15.

A

Tapferkeit ist eine Tugend, die vielen Helden gemein ist, angefangen mit Asterix, der diese lateinische Devise auch zu seiner machen könnte. Der Dichter Vergil hat sie in der *Aeneis* dem König Turnus in den Mund gelegt. Um die Region Latium zu verteidigen, zog dieser in den Kampf gegen den just gelandeten Trojaner Aeneas, dem mythologischen Stammvater aller Römer. Im zwölften und letzten Gesang dieses grandiosen Epos stirbt Turnus trotz aller Kühnheit im Schwertkampf gegen Aeneas.

Ebenso wenig lachte das Glück dem Helden der Französischen Revolution, Danton, der zwar zu „Kühnheit, noch mehr Kühnheit, immer wieder Kühnheit" mahnte, aber schließlich doch seinen Kopf unter der Guillotine verlor.

Die Tradition, alle Tapferen einen Kopf kürzer zu machen, ging zum Glück verloren, darum kann man seine Tapferkeit heutzutage beruhigt zeigen.

Dreifuss dixit:
Vergil hat oft Homer zitiert und liess sich weitgehend von der *Ilias* und der *Odyssee* inspirieren, als er seine *Aeneis* schrieb. Aber den Vorwurf, es handele sich um ein Plagiat, hat er stets bestritten: „Es ist leichter, dem Herkules seine Keule zu stibitzen, als Homer einen Vers zu entlehnen", schrieb er.

AURI SACRA FAMES

Verfluchter Hunger nach Gold

Streit um Asterix, S. 11.

A

Obwohl man heutzutage eher „Durst nach Gold" sagen würde, ist das verfluchte Ergebnis dasselbe. Dieser Ausruf beklagt die schreckliche Habgier der Menschen. Aus Gewinnsucht sind sie manchmal zu den grässlichsten Verbrechen und dem schändlichsten Verrat imstande. Nebenbei bemerkt stammt das französische Wort für Habgier, „cupidité", vom lateinischen *cupere* (begehren), woher auch der liebenswerte Cupido, der geflügelte Liebesgott, seinen Namen hat.

Bekanntlich und bedauerlicherweise „regiert Geld die Welt". Darum lässt sich dieses Zitat leicht in jede Unterhaltung einflechten. Es stammt von Vergil, dem Autor des Versepos *Aeneis*, dessen Titelheld der Sohn der Liebesgöttin Venus ist.

Römer und Gallier waren zwar kriegerische Völker, trieben jedoch auch Handel. Schließlich liebten sie jene Macht, die das Geld verleiht. Übertroffen werden sie darin nur von den Piraten, die ausschließlich ein unstillbarer Hunger nach Gold antreibt. Asterix ist zwar über alle materiellen Begierden erhaben, doch einige andere unbeugsame Dorfbewohner offenbaren ein gewisses Interesse am Handel, zum Beispiel mit Fischen, was gewöhnlich zu den bekannten Handgreiflichkeiten führt.

AUT CAESAR AUT NIHIL

Entweder Cäsar oder nichts

Asterix der Gallier, S. 30.

Julius hätte sich diese ehrgeizige Devise auf seine Fahne schreiben können, doch es war Cesare Borgia, der sie sich zu eigen machte. Ein einziges Buch reicht nicht aus, um die komplexe Geschichte der Borgia zu erzählen. In der Renaissance hat diese mafiaähnliche Familie durch Gewalt, Verbrechen und Verrat ganz Rom und den Vatikan beherrscht. Cesare, Sohn des Papstes (damals war alles möglich) und Bruder der skandalumwitterten Lucrezia, ließ sich die Devise in sein Schwert eingravieren und machte von diesem nützlichen Werkzeug der Macht dann auch ausgiebig Gebrauch.

Der junge Borgia spielte gern auf die Ähnlichkeit seines Vornamens mit dem römischen Kaisertitel an, was viel über seinen Ehrgeiz aussagt. Zu seinem Pech blieb ihm nicht genug Zeit, Cäsar oder Papst wie Papa zu werden. Nachdem der junge Borgia mehreren Mordanschlägen entgangen war, geriet er 1507 im Alter von 31 Jahren in einen erfolgreichen Hinterhalt und verschwand von der Bildfläche.

Das Kleineplus: *Il Principe*

Im 16. Jahrhundert verfasste Niccolò Machiavelli sein berühmtes politisches Traktat *Il Principe* (Der Fürst), in dem Cesare Borgia oft erwähnt wird. Das Werk analysiert, wie man die Macht an sich reißen und behalten kann, ohne sich groß um moralische Bedenken zu scheren. Das Ziel rechtfertigt demzufolge die Mittel, und zwar egal welche, einschließlich aller machiavellistischen.

AVE, CAESAR, MORITURI TE SALUTANT

Ave, Caesar, die Todgeweihten grüssen dich

Asterix als Gladiator, S. 42.

Asterix bei den Belgiern, S. 35.

A

Den Gruß der Gladiatoren vor dem Kampf benutzt man heute ironisch, bevor man eine vorgeblich gefährliche Tätigkeit in Angriff nimmt.

Obwohl das Leben ihr einziger Besitz war, wenn sie die Arena betraten, um es dort aufs Spiel zu setzen, ist längst nicht bewiesen, dass die Retiarier, Thraker oder Murmillos diesen berühmten Gruß je gesprochen haben, auch wenn man ihn in Historienfilmen gerne in Szene setzt. Tatsächlich ist seine Authentizität umstritten.

Anzumerken ist auch, dass mit „ Cäsar" in diesem Spruch nicht Julius gemeint ist, sondern das Wort nur ganz allgemein einen Kaiser bezeichnet, weil Cäsar, der ja kein Kaiser war, die späteren Kaiser dazu inspiriert hat, seinen Namen als Titel anzunehmen. Verstanden? Sueton, der lateinische Autor der *Kaiserviten*, hat dieses Zitat mitsamt dem zugehörigen Kontext überliefert.

Es war Kaiser Claudius, den man wie eben alle Kaiser Cäsar nannte, der so gegrüßt wurde, und zwar von Sträflingen, die an einer Naumachie, einer nachgespielten Seeschlacht, teilnehmen sollten. *„Aut non"*, antwortete Kaiser Claudius: „Oder auch nicht." Die Teilnehmer fassten diese Erwiderung als Begnadigung auf und weigerten sich zu kämpfen. Schließlich konnte man sie doch noch *manu militari* (mit Gewalt) dazu bewegen, sich gegenseitig abzuschlachten ... zum Vergnügen aller Zuschauer.

Das Kleineplus: Kaiserliche Spiele

Kaiser Claudius, ein großer Fan von Seeschlachten (mit der Betonung auf „schlachten"), veranstaltete auf dem Fuciner See eine Naumachie mit 19000 Sträflingen und 100 Schiffen! Vor 2000 Jahren verstand man es, Feste zu feiern!

Dreifuss dixit: In fine - am Ende! Kann man in unserem Fall von einer Naumachie sprechen?

BEATI PAUPERES SPIRITU

Selig sind die geistig Armen

Die Trabantenstadt, S. 13.

Seppl, der dümmste der sieben Zwerge, sieht immer glücklich aus und verkörpert darum perfekt diesen Grundsatz. Tatsächlich ist in die Umgangssprache eingegangen, dass „Idioten" oder „Geistesschwache" selbstverständlich „glücklich" sein müssen.

Völlig falsch! Das Zitat wurde verfremdet. Es stammt aus der Bergpredigt des Matthäusevangeliums und demnach von Jesus.

Im Text verherrlicht Christus nicht die „geistig Armen", sondern die „Armen im Geiste", das heißt alle, die aus Weisheit oder Bescheidenheit auf irdischen Reichtum verzichtet haben: „Glücklich sind die Armen im Geiste, denn ihrer ist das Himmelsreich."

Da Matthäus seine Memoiren zwischen 50 und 80 (natürlich nach Christus) schrieb, hat dieses Zitat in unserer Geschichte, die schließlich ein Jahrhundert früher spielt, gar nichts zu suchen. Aber der Architekt Quadratus und der Zenturio benutzen es eh falsch, darum sei ihnen verziehen!

 DAS KLEINEPLUS: DAS LEBEN DES MATTHÄUS

Matthäus stammte aus Kapernaum, einem Fischerdorf in Galiläa, und war vor seiner Umschulung zum Apostel Steuereintreiber. Von *beati possidentes* (glücklich sind die Besitzenden) – ein anderer immer noch aktueller lateinischer Spruch – wechselte er also zu *pauperes spiritu*. Ein schöner, humanistischer Karrieresprung, mit dem der Mann aus Kapernaum die Fischerei auf- und seinem Leben einen Sinn gab.

Asterix und der Kupferkessel, S. 43.

Bis repetita placent

Zweimal Wiederholtes gefällt

Asterix und der Arvernerschild, S. 46.

Dieser Aphorismus ist von einem Vers aus der *Ars poetica* (Von der Dichtkunst) des lateinischen Schriftstellers Horaz aus dem 1. Jahrhundert v. Chr inspiriert. Dieser Theoretiker der Poesie riet sogar, die Dinge bis zu zehnmal zu wiederholen, damit die Menschen sie schätzen lernen.

Diese poetische Faustregel findet Anklang in der Werbung, obwohl man sie nicht unbedingt auf alle Bereiche des Lebens anwenden sollte. Übrigens wird der Satz – wie hier aus dem Munde unseres guten Julius – oft in seiner verneinenden Form benutzt. Selbst in seiner bejahenden Form verwendet man ihn häufig ironisch, als Antiphrase, um das Gegenteil dessen, was er eigentlich sagt, auszudrücken.

Man kann das Zitat auch kürzen. *Bis repetita* (zweimal wiederholt) heißt es zum Beispiel in Frankreich, wenn ein Sportler eine spektakuläre technische Geste oder einen schlimmen Schnitzer wiederholt. Und *bis*, ohne Zusatz, brüllen dort nach einem Konzert die Fans, um die Musiker auf die Bühne zurückzuholen. Manchmal gefallen Wiederholungen eben.

DAS KLEINEPLUS: ARS POETICA

Der kurze Text des Horaz erteilt angehenden Dichtern Ratschläge, wie zum Beispiel den besonders scharfsinnigen, nicht allen gefallen zu wollen, sondern lieber nur einigen *wirklich*. Auch andere Autoren haben über die Poesie geschrieben: Aristoteles, Boileau – der die Ansicht des Horaz über Wiederholungen in seine faszinierende *Art poétique* (1674) aufnimmt – oder Rainer Maria Rilke ... Jeder angehende Schriftsteller sollte seine *Briefe an einen jungen Dichter* lesen. Natürlich mehrmals.

COGITO, ERGO SUM

ICH DENKE, ALSO BIN ICH

Asterix als Legionär, S. 41.

Dieses bekannte lateinische Zitat ist der Kernpunkt der *Abhandlung über die Methode* (1637) des Philosophen René Descartes. Dieser wollte auf einfache Weise die komplexe Frage des menschlichen Denkens beschreiben und vor allem mit der Scholastik brechen, jener mittelalterlichen Philosophie, die lediglich in gelehrtem Latein die Bibel und Aristoteles paraphrasierte.

Um seine neue Theorie für alle verständlich zu erläutern, schrieb Descartes seine *Abhandlung* auf Französisch. Leider fand man diese Sprache damals „vulgär" und verachtete sie demnach in der Oberschicht. Sein „Ich denke, also bin ich" wurde darum ins Lateinische übersetzt – *cogito, ergo sum* – zur Erbauung aller Gebildeten.

„Philosophieren heißt zweifeln", sagte Montaigne. Die Volksweisheit fügt dem hinzu, dass „jemand, der nichts weiß, auch nicht zweifelt". Descartes ging bei seiner Schlussfolgerung übrigens von seinem eigenen Zweifel aus. Er zweifelte, daraus folgerte er, dass er dachte, also dass er ist, im Sinne von existieren. Bislang konnte niemand je das Gegenteil von Descartes' brillanter Schlussfolgerung beweisen: Genügt es zu sein, um zu denken?

 Das Kleineplus: Und was ist mit Gott?

Descartes fand im Zweifel nicht nur den Beweis für seine eigene Existenz, sondern auch den für Gott. Sein Zeitgenosse Blaise Pascal bestätigte das: „An Gott zweifeln heißt, an ihn zu glauben." In Frankreich an der Existenz Gottes zu zweifeln konnte einem im 17. Jahrhundert übrigens mächtig Ärger einbringen.

CONTRARIA CONTRARIIS CURANTUR

Gegensätzliches wird mit Gegensätzlichem geheilt

Asterix im Morgenland, S. 34.

Hippokrates gilt als Vater der modernen Medizin. In seinem Namen legen junge Ärzte einen Eid ab, bevor sie ihre Kunst ausüben und das Honorar anheben dürfen. Im 4. Jahrhundert v. Chr. verkündete der Grieche Hippokrates einige Grundregeln der Medizin, die, wohl aus praktischen Gründen, auf Latein verbreitet wurden.

So erklärt sein berühmtes *Contraria contrariis curantur* (das „Prinzip der Gegensätze"), dass jedes Heilmittel eine der Krankheit entgegengesetzte Wirkung erzielen muss: zum Beispiel Fieber oder zu hohen Blutdruck senken. Dieses Gesetz hat auch Galen nachdrücklich bestätigt. Dieser römische, Anfang des 3. Jahrhunderts gestorbene Arzt war der Begründer der Allopathie (aus dem griechischen *allos*, das andere, und *pathie*, Erfahrung, Krankheit), der „klassischen" Medizin.

Hippokrates war sich dessen bewusst, dass Heilen eine Kunst ist, keine Wissenschaft, und formulierte darum auch ein anderes Prinzip, nämlich das der „Ähnlichkeiten", also das Gegenteil vom vorigen. *Similia similibus curantur* (Ähnliches wird mit Ähnlichem geheilt) ist der Kernsatz der Homöopathie (vom griechischen *homoios*, ähnlich), eine Therapie, die der Deutsche Hahnemann Ende des 18. Jahrhunderts entwickelte. Sie beruht darauf, dass man dem Patienten winzige Mengen eines Stoffes verabreicht, der dieselbe Wirkung hervorruft wie die Krankheit. Warum nicht? Wie Hippokrates in einem anderen Aphorismus sagte: *Primum non nocere* (zuerst einmal nicht schaden).

> DREIFUSS DIXIT:
> ARS LONGA, VITA BREVIS (DIE KUNST IST LANG, DAS LEBEN KURZ). NOCH EIN PRINZIP DES HIPPOKRATES, DAS MAN AUF DEN SCHIFFBAU ANWENDEN KÖNNTE.

DAT VENIAM CORVIS, VEXAT CENSURA COLUMBAS

Den Raben verzeiht, die Tauben plagt die Kritik

Der Papyrus des Cäsar, S. 16.

Auch wenn man den Raben mit seinem schwarzen Gefieder und unheimlichen Krächzen in manchen Kulturen verehrt, gilt er in unseren Breiten – offenbar schon seit der Antike – als Vogel, der Unheil verkündet. Die Angewohnheit dieses Aasfressers, auf Schlachtfeldern den Toten die Augen auszuhacken, hat seinen Ruf natürlich nicht verbessert. Und sagt man nicht von Dieben, dass sie „klauen wie die Raben"?

Im Gegensatz dazu sieht man in der weißen Taube – offenbar ebenfalls seit der Antike – ein Sinnbild für Sanftmut, Reinheit und Zärtlichkeit. Man bezeichnet ein jungfräuliches Mädchen als Täubchen, und in der Politik symbolisiert der weiße Vogel die Anhänger des Friedens. Symbole sind schwer auszurotten ...

So gesehen versteht man diesen Sinnspruch des Juvenal, der seine *Satiren* um 100 n. Chr. verfasste, auch heute noch. Er besagt, dass in einer korrupten Gesellschaft wie dem Römischen Reich alle Halunken besser zurechtkommen als ehrliche Menschen. Juvenal verabscheute das kaiserzeitliche Rom, das er wie die Bühne eines Possentheaters, beherrscht von Sittenverderbnis und Ungerechtigkeit, beschrieb. In seinen bissigen Gedichten verriss er unter Missachtung jeder politischen Korrektheit und mit Hingabe alle Römer: Männer, Frauen, Reiche, Arme, Bürger, Sklaven oder Immigranten, jeder bekam sein Fett weg. Doch weil Satire Besonnenheit nicht ausschließt, verschonte er immer den Kaiser.

 DAS KLEINEPLUS: WEISS WIE EINE TAUBE, SCHWARZ WIE EIN RABE

Dieser Vers des Juvenal ähnelt der Moral einer Fabel von Jean de La Fontaine. In *Die pestkranken Tiere* fabuliert der Autor zum Schluss: „Bist du krank oder schwach? Das ist die Frag; es sprechen danach die Herren Richter weiß dich oder schwarz."

DELENDA CARTHAGO

Karthago muss zerstört werden

Die Lorbeeren des Cäsar, S. 33.

Karthago wurde irgendwann von einer sagenumwobenen Königin gegründet – der Dichter Vergil nennt hier Dido im Jahre 814 v. Chr. Trotzdem hat es die Stadt wirklich gegeben. Ihre Existenz war dem römischen Politiker Cato der Censor – auch der Ältere genannt – allerdings ein Dorn im Auge. Er war von ihrer Zerstörung geradezu besessen und schloss jede Rede unweigerlich mit den Worten *Delenda Carthago*.

Die glänzende Zivilisation Karthagos beherrschte in der Antike mehrere Jahrhunderte lang das Mittelmeer und war eine Konkurrentin der Griechen, später vor allem der Römer. Letztere kämpften ab 264 v. Chr. in drei Punischen Kriegen gegen die Karthager. Der letzte Konflikt begann 149 v. Chr., demselben Jahr, in dem Cato starb, und endete drei Jahre später mit der Erfüllung seines sehnlichsten Wunsches, sodass seine Seele endlich Frieden finden konnte.

Catos Mantra bezeichnet heute mit einem Hauch antiker Großspurigkeit die fixe Idee eines zwanghaft Besessenen, sein Lebensziel, seine existenzielle Marotte. „Die spinnen, die Römer" ist zum Beispiel das „Karthago muss zerstört werden" für Obelix.

 Das Kleineplus: *Non deleta Carthago*

Karthago ist nie zerstört worden. Angeblich wurde die Stadt vor über 2000 Jahren vernichtet, aber sie existiert immer noch. Dieser schicke Vorort von Tunis hat 15000 Einwohner, doch das darf man auf keinen Fall Cato erzählen.

DESINIT IN PISCEM MULIER FORMOSA SUPERNE

IN EINEM FISCHSCHWANZ ENDET DAS SCHÖNE WEIB

Asterix und Maestria, S. 19.

Der lateinische Schriftsteller Horaz, aus dessen *Ars poetica* (Von der Dichtkunst) dieser Aphorismus stammt, meint hier keine Meerjungfrau, wie sie der Grieche Homer einige Jahrhunderte zuvor in seiner *Odyssee* erfunden hat. Der römische Dichter ereifert sich hier einfach über zusammengeschusterte Geschichten und Erzählungen mit einem hanebüchenen Ende. Im Französischen gibt es das Sprichwort „das endet in einem Fischschwanz", das bedeutet, dass etwas nach einem vielversprechenden Anfang ein enttäuschendes Ende nimmt.

Eine andere Redensart bezieht sich auf den Straßenverkehr. Eine „queue de poisson" (Fischschwanz) ist ein dreistes Manöver, bei dem jemand vor einem anderen Wagen abrupt einschwenkt, um ihn auszubremsen. Diese unverfrorene Fahrweise zieht oft einen ganzen Rattenschwanz an Beschimpfungen und Handgreiflichkeiten nach sich.

 DAS KLEINEPLUS: IN CAUDA VENENUM

„Im Schwanz befindet sich das Gift" findet Anwendung, wenn eine Rede eben nicht in einem Fischschwanz endet. Dieser Ausdruck lobt im Gegenteil eine elegante, witzige oder bissige Pointe. So sagte schon Cyrano von Bergerac: „Denn beim letzten Verse stech ich."

DIEM PERDIDI / CARPE DIEM

Ich habe einen Tag verloren / Nutze den Tag

Asterix und der Arvernerschild, S. 31.

Asterix und der Arvernerschild, S. 30.

Diese beiden Sprichwörter fassen das Leben von Keuchhustus aus *Asterix und der Arvenerschild* zusammen. Als junger Legionär hatte er zunächst Pech im Spiel, kam aber schließlich mit Rädern zu Wohlstand und Vermögen. Das Glücksrad dreht sich tatsächlich.

Amici, diem perdidi hat Sueton, der Biograf der römischen Kaiser und Verfasser der *Kaiserviten* (Anfang 2. Jahrhundert), überliefert. Titus, der von 79 bis 81 regierte, soll dies einem Freund anvertraut haben. Sicher hatte er gerade einen schlechten Tag, aber mehr wissen wir darüber nicht. Bekanntlich hat Titus Jerusalem erobert, doch berühmt wurde vor allem seine unglückliche Liebe zu Berenike, Königin von Palästina. Eine tragische Geschichte, die später Dramatiker wie Jean Racine und Pierre Corneille inspiriert hat.

Entgegen des ersten Eindrucks ist die zweite Redensart auch nicht fröhlicher. Sie wurde zur Devise aller, die jede Sekunde genießen wollen, und stammt aus den *Oden* des Horaz, ist jedoch doppeldeutiger, als man zunächst denkt. In diesen Versen behandelt Horaz die verstreichende Zeit, die Flüchtigkeit des Lebens, die Notwendigkeit der Entsagung und empfiehlt, nicht an morgen zu glauben. Wir haben es also eher mit der Befürchtung eines Pessimisten zu tun als mit der Ermunterung eines Bonvivants.

Das Kleineplus: Holde, lass uns sehen, ob die Rose ...

In einem berühmten Gedicht aus dem Jahre 1545 vergleicht Pierre de Ronsard ein Mädchen mit einer Rose und fordert sie auf, das Leben zu genießen: „So pflücke, pflück die Rose deiner Jugend, das Alter kommt, [...] und wie die Rose welkt die Schönheit hin." Das ist so schön wie bei Horaz.

DIGNUS EST INTRARE

Es ist würdig einzutreten

Asterix als Legionär, S. 39.

Dieser kleine Satz dient Hydrochloridix (Codename HCL) passenderweise als Parole, um ins Römerlager eingelassen zu werden. Von diesem gallischen Spion im Dienste Cäsars erfährt Asterix, was aus Tragicomix geworden ist. In *Asterix als Legionär* dreht sich ja die ganze Geschichte darum, dass Tragicomix zur Legion eingezogen wurde.

Der grammatikalisch nur halbwegs korrekte Ausdruck stammt jedenfalls von Molière. In *Der eingebildete Kranke* (1673) wird er im musikalischen Finale zum Refrain einer grotesken Zeremonie. Man erklärt Argan für „würdig einzutreten" in die Ärzteschaft: *Dignus est intrare in nostro docto corpore*. Später wurde der Spruch oft verwendet, insbesondere von Voltaire in einem Brief an D'Alembert.

Heute benutzt man den Satz spaßeshalber, um jemanden in eine geschlossene Gruppe aufzunehmen. Er wurde also durch Voltaire und Molière überliefert. Wahrhaft würdige Referenzen.

DONEC ERIS FELIX, MULTOS NUMERÁBIS AMICOS

Solange du glücklich bist, hast du genug Freunde

Die große Überfahrt, S. 13.

Ovid hatte gute Voraussetzungen, um es im Leben zu etwas zu bringen. 43 v. Chr. in einer Familie der römischen Oberschicht geboren, konnte er studieren, nach Griechenland reisen und schließlich eine Ämterlaufbahn anstreben, um seinem reichen Vater eine Freude zu machen. Doch rasch holte ihn erst die Dichtkunst ein, dann der Erfolg. Ovid verließ das Verwaltungswesen und verkehrte bald in der römischen „High Society". Sein antiker Flirtratgeber *Ars amatoria* (Die Kunst zu lieben) und die *Metamorphosen* machten ihn berühmt.

Doch dem ersten römischen Kaiser Augustus war Ovid politisch und moralisch ein Dorn im Auge. Er verbannte den Dichter mit einem Edikt ans Schwarze Meer, ins heutige Rumänien, und verdonnerte ihn zu schweigen. Weit weg von Rom, seinen Freunden und seinen Mätressen entdeckte Ovid die Einsamkeit. Sie inspirierte ihn zu den *Tristia*, Klagegesängen auf das Exil, aus denen unser Zitat stammt.

DULCE ET DECORUM EST PRO PATRIA MORI

Süss und ehrenvoll ist's, fürs Vaterland zu sterben

Der Kampf der Häuptlinge, S. 23.

Jeder beliebige General, der seine Truppen eiskalt in ein Himmelfahrtskommando treibt, könnte diesen liebenswürdigen Denkspruch übernehmen. In der Geschichte, von der Antike bis zum Ersten Weltkrieg – und selbst danach noch –, findet man davon jede Menge. Der arme Legionär, der diesen Spruch zitiert, befindet sich übrigens in einer unangenehmen Lage, im Gegensatz zu seinen Vorgesetzten.

Diese Verklärung der Vaterlandsliebe verdanken wir Horaz, der im ersten Jahrhundert unserer Zeitrechnung in seinen *Oden* die römische Jugend aufforderte, dem glorreichen Vorbild ihrer Ahnen zu folgen und besonders dieselbe Tapferkeit im Kampf zu zeigen.

Der große deutsche Philosoph Friedrich Nietzsche bewunderte Horaz wegen der Virtuosität seiner Texte. Das erklärt er in *Götzen-Dämmerung oder Wie man mit dem Hammer philosophirt* (1888): „Bis heute habe ich an keinem Dichter dasselbe artistische Entzücken gehabt, das mir von Anfang an eine Horazische Ode gab."

ERRARE HUMANUM EST

Irren ist menschlich

Asterix auf Korsika, S. 19.

Dieses entweder Seneca oder Cicero oder gar dem heiligen Hieronymus zugeschriebene Sprichwort gehört wohl zu den berühmtesten und zutreffendsten lateinischen Weisheiten.

Weil ein Irrtum menschlich ist, ist er entschuldbar, zumindest einmal. Denn *perseverare diabolicum* (darauf zu bestehen ist teuflisch). Dieser zweite Teil vervollständigt oft den ersten und bestätigt:

• erstens, dass der einzig wahre Irrtum darin besteht, seinen Irrtum zu wiederholen;

• zweitens, dass dieses Zitat nicht von Seneca ist, sondern aus einer späteren Epoche stammt, weil der Teufel eine christliche Erfindung ist.

Mit dem Verb *errare* hat das deutsche „erraten" nichts zu tun, und ebenso wenig ist das Wort „Ehe" eine Abkürzung für *errare humanum est*, wie manche böse Zungen behaupten.

Asterix und die Goten, S. 6.

ET NUNC, REGES, INTELLIGITE, ERUDIMINI, QUI IUDICATIS TERRAM

So seid nun verständig, ihr Könige, lasst euch warnen, ihr Richter auf Erden

Asterix bei den Olympischen Spielen, S. 15.

An diesem Rat, der sich an alle Mächtigen richtet, ist außer der Sprache nichts Lateinisches. Man hörte ihn zuerst im November 1669 beim Begräbnis der Henrietta Maria von Frankreich, die – was ihr Name nicht vermuten lässt – Königin von England war. Henrietta Maria, die Tochter des französischen Königs Heinrichs IV. und der Maria von Medici, brachte gleich zwei spätere englische Könige zur Welt, erlebte aber auch Bürgerkrieg, Exil und die Enthauptung ihres Gatten.

Weil sie eine fromme Katholikin war, hielt Bossuet ihr zu Ehren die Grabpredigt. Dieser französische Geistliche, Prediger und Schriftsteller besaß einen scharfen Verstand und wurde darum öfter gebeten, den Nachruf auf große Persönlichkeiten zu halten.

Gewöhnlich nutzte er diese Reden für weise Ermahnungen. Hier forderte er alle Regierenden auf, Lehren aus dem Unglück der armen Henrietta Maria zu ziehen. Im Jahr darauf hielt Bossuet die Trauerrede für Henrietta Marias Tochter, Henriette, die zu Lebzeiten mit Philippe I. – dem homosexuellen Bruder Ludwigs XIV. – verheiratet und eine der vielen Mätressen des Königs war. Bossuet sprach dabei den berühmten Satz: „Madame stirbt, Madame ist tot."

Das Kleineplus: Der sprichwörtliche Redner

Jacques-Bénigne Bossuet (1627–1704), genannt der Adler von Meaux – weil er Erzbischof dieser Stadt war –, galt als einer der größten Redner, den die Welt je gekannt hat. Die französische Sprache verdankt ihm zahlreiche Sprichwörter: „Man schmeichelt, um geschmeichelt zu werden", „Der Tod kommt, ehe wir lernen konnten zu leben", „Unsere wahren Feinde stecken in uns selbst" oder „Die Fantasie kommt dem Verstand zu Hilfe".

EXEGI MONUMENTUM AERE PERENNIUS

Ich habe ein Denkmal errichtet, dauerhafter als Erz

Tour de France, S. 7.

Erz ist die alte Bezeichnung für Bronze, eine Legierung aus Kupfer und Zinn, wegen ihrer Härte geschätzt und auch heute noch in Gebrauch. Ihre Erfindung war ein großer Fortschritt für die Menschheit, darum hat diese aus Dankbarkeit ein Zeitalter nach ihr benannt. Die Bronzezeit dauerte etwa 2000 Jahre, von 3000 bis 1000 v. Chr.

Mit diesem Vers begann Horaz das letzte Gedicht im dritten Band seiner *Oden*, mit denen er offenbar recht zufrieden war. Er prophezeite seinen Schriften Unsterblichkeit durch diesen Text, „dauerhafter als Erz, höher als die königlichen Pyramiden, welche nicht der gefräßige Regen zerstören kann oder die unzählige Anzahl an Jahren oder der Lauf der Zeiten". So gelobte Horaz, den Größenwahn nicht zu stören schien, „durch den Ruhm der Nachwelt neu zu wachsen".

Dasselbe wünschen wir dem Büchlein, das Sie hier in Händen halten.

Die Redensart benutzt man, wenn man auf seine Arbeit, egal auf welchem Gebiet, wirklich stolz ist. Diese Form von Süffisanz – noch ein Wort aus dem Lateinischen – kann man aber auch ironisch einsetzen.

FELIX QUI POTUIT RERUM COGNOSCERE CAUSAS

Glücklich, wer den Dingen auf den Grund sehen konnte

Asterix auf Korsika, S. 22.

Die Georgica, ein langes Gedicht von Vergil, rühmt das Landleben und strotzt nur so vor Lebensweisheiten. *Tempus fugit* (die Zeit flieht), *labor omnia vincit improbus* (harte Arbeit siegt über alles) und das besagte *felix qui potuit rerum cognoscere causas*, hier vor allem geschätzt unter Piraten, auch wenn diese anscheinend eher dem Ozean auf den Grund gehen als den Dingen.

Vergils Denkspruch ist weit mehr als eine einfache Beschreibung des ländlichen Glücks. Zitiert von Voltaire und Victor Hugo, rühmt er vor allem Wissen und Weisheit. Den zweiten Teil – *rerum cognoscere causas* (den Dingen auf den Grund sehen) – haben englische Universitäten, mehrere europäische Zeitungen und Georges Cuvier, der Vater der Paläontologie im 19. Jahrhundert, als Devise angenommen.

Die Natur besser zu kennen formt tatsächlich den Verstand und ermöglicht es, Aberglauben und fest verwurzelte Dogmen zu überwinden. Werden wir eines Tages auch „den Dingen auf den Grund sehen" …? Wer weiß.

Obelix auf Kreuzfahrt, S. 18.

FLUCTUAT NEC MERGITUR

Von den Wogen geschüttelt, wird es doch nicht untergehen

Asterix bei den Briten, S. 48.

Die Aussage „Von den Galliern geschüttelt wird es untergehen" wäre in diesem Zusammenhang zutreffender. Rotbarts vom Pech verfolgte Piraten tauchen nämlich in vierundzwanzig Bänden auf, und abgesehen von wenigen Ausnahmen endet ihre Begegnung mit Asterix und Obelix regelmäßig mit einem Schiffbruch.

Auf das Dorf der unbeugsamen Gallier, das nicht aufhört, dem Besatzer Widerstand zu leisten, hätte die Metapher eines allen Stürmen trotzenden Schiffes perfekt gepasst. Stattdessen hat Paris sie übernommen, und zwar dank Baron Haussmann, der diese Devise aus der Seefahrt für das Wappen der französischen Hauptstadt ausgewählt hat.

Der Beginn des Aufstiegs von Paris reicht bis in die Zeit des alten gallischen Lutetia zurück. Damals trieben die Nauten, reiche gallische Händler vom Stamm der Parisii (!), Flussschifffahrt auf der Seine. Die Geschichte hat Paris manche Gelegenheit geboten, seine Fähigkeit zum Widerstand unter Beweis zu stellen. Die tragischen Ereignisse der letzten Jahre haben das Motto der Stadt erneut bestätigt.

Die Lorbeeren des Cäsar, S. 6.

IRA FUROR BREVIS EST

Der Zorn ist eine kurze Raserei

Die große Überfahrt, S. 8.

Dieses arg verstümmelte Zitat ist ein Auszug aus den Episteln des Horaz, einer Sammlung von zweiundzwanzig Gedichten. *Ira furor brevis est, animum rege, qui, nisi paret, imperat.* (Der Zorn ist eine kurze Raserei, beherrsche deine Leidenschaft, wenn sie nicht gehorcht, befiehlt sie.)

Noch heute begnügt sich die Volksweisheit mit dem ersten Teil des Satzes, abgewandelt in „Der Zorn ist ein schlechter Ratgeber". Das Wesentliche ist damit gesagt, nur längst nicht so poetisch.

Der Zorn ist zwar nur eine kurze Raserei, steht aber im Mittelpunkt des Albums *Streit um Asterix*. Dort wird er regelrecht verkörpert von Tullius Destructivus, eine der originellsten Figuren, die Goscinny und Uderzo erfunden haben. Diesem ebenso widerwärtigen wie durchtriebenen Gesellen gelingt es, im Dorf Zwietracht zu säen, bis jeder seinem Zorn, seinen niederen Instinkten und seiner Bosheit freien Lauf lässt, gefangen in grünen Sprechblasen. Zum Glück verheddert sich Destructivus schließlich selbst in seiner eigenen psychologischen Kriegsführung, sodass unsere unbeugsamen Freunde nicht nur ihre Ruhe, sondern bei einem Festschmaus auch ihre Eintracht wiederfinden.

DREIFUSS DIXIT:
SAPERE AUDE (WAGE ES, WEISE ZU SEIN) STAMMT AUCH AUS DEN EPISTELN DES HORAZ. SCHADE, DASS DIE PIRATERIE UNSEREN PIRATEN NICHT MEHR ZEIT DAZU LÄSST...

ITA DIIS PLACUIT

Wie es den Göttern gefiel

Asterix und Kleopatra, S. 40.

Sobald man die Existenz eines Gottes – oder gar mehrerer – anerkennt, unterwirft man sich seinem gebieterischen Willen.

Von „inschallah" bis „so sei es" hoffen alle Gläubigen der Welt, dass ihren Taten göttliche Gnade oder, besser noch, Segen zuteilwird, im Himmel wie auf Erden.

Doch mit *ita diis placuit* sprechen die Lateiner im Namen dieser redefaulen Götter: Sobald sich etwas ereignet hat, muss es zwangsläufig ihre Zustimmung erhalten haben! Sich darüber zu beschweren oder weiter davon zu sprechen ist zwecklos (vor der Hölle braucht man sich sowieso nicht zu fürchten, die gibt es ja noch nicht).

In der Umgangssprache kann man dieses Zitat im Sinne von „das ist erledigt" oder „das ist nicht mehr zu ändern" einsetzen. Gut oder schlecht, was getan ist, ist getan und kann nicht mehr rückgängig gemacht werden. Damit müssen sich auch die Götter zufriedengeben.

Das Kleineplus: *ita est*

Juristen schreiben einfach *ita est*. Mit diesen beiden Wörtchen bestätigt ein Notar in Frankreich einen Vorgang: So ist es. „Nun denn!", antwortet sein Klient dann ergeben.

Asterix im Morgenland, S. 34.

LEGIO EXPEDITA!

Stillgestanden!

Das Geschenk Cäsars, S. 7.

Der Sohn des Asterix, S. 12.

L

Die Organisation einer Armee ist das Geheimnis ihres Siegeszugs. Dank kühner strategischer Neuerungen, solider Ausrüstung und strenger Disziplin eroberten die römischen Legionen in wenigen Jahrhunderten einen großen Teil der bekannten Welt. Straff unterteilt in Kohorten, Manipeln und Zenturien zählte eine Legion 3000 bis 6000 Mann. Und unter Cäsar verfügte Rom über rund fünfzig Legionen! Das waren eine Menge Leute, die gemeinsam marschieren ... und kämpfen mussten.

Dabei sprachen nicht alle Soldaten das perfekte Latein eines Vergil, wie es in *Asterix als Legionär* zu sehen ist. Unter diesen Männern zwischen siebzehn und sechzig befanden sich Bauern und Handwerker aus allen Provinzen der Republik, später des Kaiserreichs, manchmal nur zwangsrekrutiert, ganz zu schweigen von zwangsrekrutierten Kriegsgefangenen, von denen sich jeder in seiner Sprache oder Mundart ausdrückte. Ihre erste Mission bestand darin, ein einfaches, universelles Militärvokabular zu erlernen, um alle Befehle der Offiziere ausführen zu können. *Venire, pergere!* Vorwärts, marsch!

> DREIFUSS DIXIT:
> DIE „SCHILDKRÖTE" IST DIE BEKANN-
> TESTE RÖMISCHE SCHLACHTORDNUNG.
> UM SIE ZU FORMIEREN, BEFAHL
> DER ZENTURIO: AD TESTUDINEM!
> (BILDET DIE SCHILDKRÖTE!)

MAJOR E LONGINQUO REVERENTIA

Aus der Ferne besehen ist alles schön

Asterix bei den Schweizern, S. 23.

Das genaue Gegenteil des bekannten Sprichworts „Aus den Augen, aus dem Sinn", demzufolge die Liebe mit der Entfernung abnimmt. Mit der Schönheit ist es genau umgekehrt: Man neigt dazu, eher Leute zu verehren, zu denen eine zeitliche und räumliche Distanz besteht. Stuft man zum Beispiel manche alte Autoren nicht etwas vorschnell als Genies ein? Und ist man, wenn man eine bekannte Persönlichkeit kennenlernt, nicht oft enttäuscht, weil sie längst nicht so sympathisch, charismatisch oder cool ist, wie man sie sich vorgestellt hat?

Tacitus, ein um das Jahr 120 gestorbener römischer Historiker und Senator, beschrieb mit diesem Zitat aus seinen *Annalen* die angebliche Größe vergangener Kaiser. Der Lauf der Zeit macht es möglich, den Verfolgungswahn des Tiberius, die Feigheit des Claudius oder Neros Irrsinn zu vergessen.

Durch seine Beschreibung aller Laster und Heimlichkeiten des Kaiserreichs ist der detailfreudige und moralisierende Tacitus für uns eine wertvolle Quelle. Vor allem hat er Jean Racine einen interessanten Stoff geliefert. Die Untaten Neros und seiner Mutter Agrippina haben ihn zu *Britannicus* (1670) inspiriert, eine seiner berühmtesten Tragödien.

> DREIFUSS DIXIT:
> SO BEDAUERT MAN DIE GLÜCKLICH
> VERFLOSSENE ZEIT UND
> SEINE GLÜCKLICHEN JAHRE:
> MELIORIBUS ANNIS.

MENS SANA IN CORPORE SANO

Gesunder Geist in einem gesunden Körper

Asterix bei den Olympischen Spielen, S. 40.

Juvenal, Autor der *Satiren*, empfahl seinen Mitbürgern, die Götter nicht mit einfältigen Wünschen zu belästigen, sondern um das Wesentliche zu bitten. Körper und Geist bildeten bei den Lateinern nämlich eine untrennbare Einheit.

In der leicht abgewandelten Form *anima sana in corpore sano* (*anima* = „Seele") wurden Juvenals Worte über körperliche und geistige Gesundheit zum Leitspruch einer großen japanischen Marke für Sportschuhe, dessen Akronym den Namen Asics bildet.

DREIFUSS DIXIT:
QUOD ERAT DEMONSTRANDUM
(WAS ZU BEWEISEN WAR) SCHLIESST
EINEN LOGISCHEN BEWEIS, IM
DEUTSCHEN OFT ABGEKÜRZT Q. E. D.
VOR ALLEM MATHEMATIKER STEHEN
DARAUF.

NIGRO NOTANDA LAPILLO

Das muss man mit einem schwarzen Stein bezeichnen

Die Odyssee, S. 45 (dort übersetzt mit „Das muss man als Unglück bezeichnen.").

Bei den Römern symbolisierte Schwarz Unglück und Weiß Glück. Das hat sich seitdem nicht geändert, da bleiben wir ganz klassisch. Diesen, von einem Vers Catulls inspirierten Satz könnten die Piraten jedes Mal wiederholen, wenn sie den Galliern begegnen. Im 1. Jahrhundert v. Chr. feierte der Dichter Catull in seinen Stücken die leidenschaftliche, bei ihm oft grausame Liebe mit einer manchmal sehr derben Erotik.

Wenn Catull von einem guten Tag sprach – was in seiner Literatur selten vorkam –, bezeichnete er ihn als *lapide diem candidiore notat* (ein Tag, den man mit einem weißen Stein markieren muss). Dieser Ausdruck hat sich im Französischen erhalten und bezeichnet einen besonders glücklichen Tag, an den man sich immer erinnern möchte.

Der gegenteilige Ausdruck, den hier die Piraten benutzen, funktioniert auch und steht in den rosa Seiten des Wörterbuchs *Larousse*. Nur seinen Ursprung kennt niemand. Da müsste man Dreifuß fragen.

Dass man Tage mit einem Stein markiert, ist wahrscheinlich nur eine Metapher, aber vielleicht hat Catull ja wirklich in einer Ecke seines Gartens weiße Kieselsteine ausgelegt?

> DREIFUSS DIXIT:
> „NOCH EIN BISSCHEN GEDULD, UND ALLES WIRD ÜBEL ENDEN."
> DIESES OFT CATULL ZUGESCHRIEBENE ZITAT OFFENBART SCHÖN DEN UNERSCHÜTTERLICHEN OPTIMISMUS SEINES URHEBERS.

NIHIL CONVENIENS DECRETIS EIUS

Nichts wird seinen Anordnungen gerecht

Gallien in Gefahr, S. 37.

N

Der Anwalt, Politiker, Philosoph und Redner Cicero war einer der wichtigsten Autoren der römischen Welt. Er hinterließ nicht nur ein vielseitiges Werk – reich an Redewendungen wie dieser hier –, sondern griff auch ins öffentliche Leben der Stadt ein (siehe Seite 96), und zwar so gründlich, dass er 43 v. Chr. auf Geheiß von Marcus Antonius hingerichtet wurde.

Mit diesem Satz, Auszug aus der philosophischen Schrift *De finibus bonorum et malorum* (Über das höchste Gut und das größte Übel), verweist Cicero auf einen Widerspruch in einem Brief des Epikur. Dieser war nämlich Anhänger der Doktrin, dass weder Götter noch der Tod zu fürchten seien und Lebensglück durch die Überwindung von Schmerz gefunden werden könne. Der römische Anwalt verspottete den griechischen Philosophen, weil der nach Ciceros Ansicht seinen eigenen Thesen mehrmals widersprach: *Nihil conveniens decretis eius*.

Obwohl sie etwas hochtrabend erscheint, findet jeder im Alltag leicht eine Gelegenheit, um Ciceros perfide Bemerkung anzubringen. Schließlich gibt es überall Leute, die – ohne rot zu werden – das Gegenteil von dem sagen, was sie kurz zuvor noch behauptet haben.

DAS KLEINEPLUS: NICHTS VON NICHTS

Nihil, das lateinische Wort für „nichts" – von dem sich „Nihilismus" ableitet – taucht in vielen anderen Ausdrücken auf. *Nihil novi sub sole* (nichts Neues unter der Sonne) oder *ex nihilo nihil fit* (aus dem Nichts entsteht nichts), im Volksmund auch: „Von nix kommt nix." Diese Maxime nimmt bereits das grundlegende Prinzip des Chemikers Lavoisier vorweg: Nichts geht verloren, nichts wird erschaffen, alles wandelt sich. Der Ausdruck hat sich weiterentwickelt in *ex nihilo* – aus dem Nichts heraus –, um etwas spontan Erschaffenes zu bezeichnen. So kommt paradoxerweise eine Menge *nihil* vom lateinischen „nichts".

NON LICET OMNIBUS ADIRE CORINTHUM

Nicht jedem ist es vergönnt, Korinth anzulaufen

Asterix bei den Belgiern, S. 26.

im antiken Griechenland nahm Korinth eine ganz besondere Stellung ein, und zwar nicht nur wegen der leckeren Rosinen! Diese reiche Handelsstadt kontrollierte den Isthmus, der ihren Namen trägt und der den Peleponnes mit Hellas – dem heutigen kontinentalen Griechenland – verbindet. Vor allem aber stand in Korinth ein berühmter Tempel der Aphrodite.

Aphrodite war die Göttin der Liebe und Sexualität, darum lockte ihr Tempel viele Anhängerinnen an, die ihre Reize für Geld feilboten. Wegen dieser göttlichen Hetären konnte ein Besuch in Korinth jeden naiven Reisenden im Handumdrehen ruinieren. Als eine Art Las Vegas der antiken Welt war diese Hauptstadt der Liebe also nur etwas für eine vermögende Kundschaft.

Der Ausdruck trifft heute zu, wenn man aus Geldmangel auf etwas verzichten muss. Nebenbei gesagt liegt Korinth heutzutage durchaus im Preisrahmen.

Das Kleineplus: Es ist nicht allen erlaubt, Brest zu betreten.

Während wir für Korinth eine Erklärung haben, ist uns die Sache mit Brest schleierhaft – ohne den Bretonen zu nahe treten zu wollen.

Der Sohn des Asterix, S. 46.

NON OMNIA POSSUMUS OMNES

Nicht alles können wir alle

Die Odyssee, S. 22.

Nicht ganz so literarisch, doch deutlicher wäre die Übersetzung: „Niemand kann alles schaffen." Das vermittelt genauer, was dieses Zitat des Dichters Vergil sagen will.

Oft misst man diesem Ausdruck eine große philosophische Tiefgründigkeit bei. Demnach wäre er ein schreckliches Eingeständnis der Machtlosigkeit und beschreibt die unüberwindlichen Schranken, an denen der Mensch scheitert und zerschellt.

Dabei war Vergils Bemerkung anscheinend sehr viel unspektakulärer gemeint: Manchmal misslingen Dinge eben. Damals war das Künstlerleben auch nicht leichter als heute. Nachdem Dichter, Schauspieler und Musiker ihre Auftritte hingelegt haben, müssen sie manchmal feststellen, dass ihr Publikum keine Reaktion zeigt, höflich applaudiert, ihnen den Rücken zukehrt und geräuschlos den Saal verlässt oder, noch schlimmer, sie mit Tomaten bewirft.

Für Künstler, die im antiken Rom auf keinen Mäzen zählen konnten, bestand die einzige Einnahmequelle in der Großzügigkeit des Publikums. Ähnlich wie alle anderen hat auch der überragende Vergil in seinen Anfängen sehr wahrscheinlich solche Momente der Einsamkeit erlebt. Allein und enttäuscht sagt sich ein Künstler dann: Man tut, was man kann. Und zum Glück hat er weitergemacht.

Das Kleineplus: non possumus

Der umgekehrte Ausdruck *non possumus* wird den ersten Aposteln von Jesus zugeschrieben. Er ist kein Eingeständnis der Machtlosigkeit, sondern eher tätiger Widerstand. Als man Petrus und Paulus verbieten wollte, das Evangelium zu predigen, äußerten sie so ihre strikte Weigerung. Sie konnten nicht darauf verzichten. *Non possumus* drückt heute die Weigerung aus, einen ungerechten Befehl auszuführen.

NUNC EST BIBENDUM

Jetzt heisst es trinken

Obelix auf Kreuzfahrt, S. 40.

Weniger literarisch lässt sich dieser Spruch mit „Kommt, trinken wir einen!" übersetzen. Mit dieser Aufforderung zum Trinken beginnt eine Ode des Dichters Horaz, die den Sieg bei Actium feierte. In dieser Seeschlacht besiegte Octavian 31 v. Chr. Marcus Antonius und besiegelte damit das Ende der Republik. Octavians Triumph führte vier Jahre später zur Gründung des Kaiserreichs, zu dessen erstem Herrscher er sich selbst ausrief, und zwar unter dem Namen Augustus.

Dieses neue Zeitalter der römischen Geschichte, das fünfhundert Jahre währen sollte, musste also würdig gefeiert werden. Wie andere Zitate (*in vino veritas*) belegen, wussten die Römer Wein zu schätzen, und sogar den Rausch, den ein übermäßiger Genuss hervorruft.

Diese Tradition hat sich erhalten, und darum feiert man ein glückliches Ereignis, zum Beispiel einen Sieg, immer noch mit einem Trinkgelage. Allerdings ist es auch gestattet, eine gute Flasche zu öffnen, um sich über eine Niederlage hinwegzutrösten.

DAS KLEINEPLUS: BIBENDUM

Franzosen denken bei *bibendum* nicht an das Verbaladjektiv des Verbes *bibere*, sondern an das Michelinmännchen! In der Anfangszeit der Werbung und des Automobils hatte der Reifenfabrikant Michelin diese wulstige Gummifigur erfunden, die ein Glas hebt, um ... Nägel zu trinken! Auf die lateinische Maxime antwortet der Slogan: „Der Michelin-Reifen trinkt Hindernisse." Heute hebt Bibendum sein Glas zwar nicht mehr (das ist im Straßenverkehr mittlerweile verpönt), aber er rollt immer noch.

O FORTUNATOS NIMIUM, SUA SI BONA NORINT, AGRICOLAS!

O die glücklichen Landleute, würden sie doch ihr Glück erkennen!

Asterix bei den Briten, S. 5.

Die *Georgica* ist wesentlich mehr als nur ein Traktat über die Landwirtschaft, das Vergil ursprünglich schreiben wollte. Die vier Bücher, aus denen sie besteht, behandeln viele andere Themen und beschreiben vor allem die Leidenschaft des Autors für die Landarbeit. So besingt dieser Auszug hier das Glück, auf den Feldern zu leben.

Vergil dachte, ein Bauer müsse sich nur seiner wundervollen Lebensumstände bewusst werden, um der glücklichste Mensch der Welt zu sein. Dabei führten kleine Landbesitzer im antiken Rom ein sehr hartes Leben und litten unter der Konkurrenz der *latifundia*, der großen Landgüter, die scharenweise Sklaven beschäftigten. Die Konflikte in der Landwirtschaft und die daraus folgenden Hungersnöte haben übrigens viel zum Sturz der Republik beigetragen. Jedenfalls kommen die Piraten nur selten in den Genuss irdischen Glücks, dafür umso häufiger in den eines erfrischenden Bades.

Die Volksweisheit kürzt diesen weisen Aphorismus, um ihn zu verallgemeinern: „Glücklich, wer sein Glück kennt." – vor allem, wenn er sich damit zufriedengibt.

DAS KLEINEPLUS: WEISHEITEN VERGILS

„Man wird alles leid, außer etwas Neues zu lernen." „Sie können, weil sie wissen, dass sie es können." „Wenn ich einen Schmerz vorhersehen kann, kann ich ihn ertragen." „Man darf seine Hoffnung nur in sich selbst setzen." Ein wahres Vorbild an Standhaftigkeit!

O TEMPORA, O MORES!'

O Zeiten, o Sitten!

Asterix auf Korsika, S. 18.

Asterix und der Arvernerschild, S. 37.

im Jahr 63 v. Chr. zettelte der Senator Catilina eine Verschwörung an, um in der römischen Republik die Macht an sich zu reißen. Der Konsul und überwältigende Redner Cicero stellte sich ihm entgegen. Er hielt nacheinander vier berühmt gewordene Reden gegen Catilina, aus denen dieser Ausruf stammt, der die verlotterten Sitten geißelt und zugleich die arglistige Verschwörung des Catilina anprangert (siehe auch S. 96).

Zu allen Zeiten hat die ältere Generation Ciceros Sinnspruch zitiert, um das Betragen der Jugend zu tadeln.

Einfacher könnte man sagen: „zu meiner Zeit war das anders" beziehungsweise „alles geht zum Teufel".

Manchmal wird Ciceros Ausspruch unzutreffend übersetzt mit „Andere Zeiten, andere Sitten." Dadurch verliert er seinen abschätzigen Unterton und wird gewaltig abgeschwächt.

 DAS KLEINEPLUS: MIT DER ZEIT GEHT'S, ALLES GEHT VORBEI

Der Dichter Léo Ferré (1916-1993) besang so eine Tatsache, die den Römern durchaus bewusst war. *Tempus fugit* (die Zeit flieht bzw. geht vorbei), sagte Vergil. *Tempus edax rerum* (die Zeit zerstört alles), vervollständigte Ovid. „Mit der Zeit ... sind selbst die nettesten Erinnerungen zum Kotzen", bestätigt Léo Ferré.

PAX ROMANA

Römischer Frieden

Der große Graben, S. 18.

Die Römer führten gerne Krieg, und zwar so professionell, dass ihr Reich irgendwann gewaltige Ausmaße annahm. Allerdings verfolgten sie damit ein auf den ersten Blick paradoxes Ziel: die *Pax Romana*. Einmal besiegt, sollten alle Völker in Frieden leben und alle Bürger im Schatten des Reichs eine harmonische Existenz führen können.

Vom ersten Kaiser Augustus eingeleitet, dauerte diese Epoche, in der Rom weder einen größeren Bürgerkrieg noch einen bedrohlichen Angriff von außen erlebte, vom 1. bis zum 2. Jahrhundert unserer Zeitrechnung. Diese Zeit relativer Ruhe wurde nur von einigen kleineren Konflikten gestört, wie dem Brand Roms, diversen politischen Morden, der Diktatur des Caligula und dem Wahnsinn Neros – zwei Kaiser, die ein tragisches Ende nahmen.

Der Ausdruck hat in seiner ursprünglichen Form überlebt, um einen Moment der Versöhnung zwischen mehreren Ländern oder Konfliktparteien zu bezeichnen. Er wurde auch herangezogen, um die Oberherrschaft eines Staates über eine ganze Weltregion zu beschreiben. Die *Pax Britannica* herrschte im 19. Jahrhundert über das britische Empire, die *Pax Sovietica* im Kalten Krieg über den Ostblock und die *Pax Americana* regiert heute die Welt. Man kann gespannt sein, wie wohl die nächste Pax heißt, *Sinensis* (chinesisch) oder *Belgica*?

DAS KLEINEPLUS: *SI VIS PACEM, PARA BELLUM.*

„Wenn du Frieden willst, bereite den Krieg vor." Dieser militärische Lehrspruch beschreibt hervorragend die Eroberungslust der Römer. In *Asterix auf Korsika* hat Goscinny zwei Römerlager *Sivispacemparabellum* getauft, eins im Osten und eins im Westen der Insel (eine Anspielung auf den Kalten Krieg?). Auch in *Obelix GmbH & Co. KG* parodierte er dieses Schlagwort.

Obelix GmbH & Co. KG, S. 33.

QUALIX ARTIFEX PEREO

Welch grosser Künstler scheidet mit mir dahin

Asterix und Maestria, S. 7.

Sueton, der Klatschkolumnist des Römischen Reiches, hat in seinen *Kaiserviten* versichert, diesen hochmütigen Ausspruch habe Nero kurz vor seinem Selbstmord getan. Der blutrünstige Kaiser, der unter anderen seine Mutter Agrippina ermordet hatte, entging durch seinen Freitod dem *culleus*, einer besonderen Strafe für Muttermörder, die ihm der Senat angedroht hatte. Beim *culleus* wurde der Verurteilte zusammen mit einer Schlange, einem Affen, einem Hund und einem Hahn in einem Sack eingenäht und das Ganze dann in den Fluss geworfen. Grausame Sitten waren das.

Nero verbrachte viel Zeit mit Dichtern und Künstlern und besaß eine sehr hohe Meinung von sich selbst. In seinem Größenwahn war er, ähnlich wie Troubadix, überzeugt, die Musen hätten sich über seine Wiege gebeugt, und wehe dem, der sein Talent nicht in dem Himmel lobte. Bevor sich Nero selbst die Kehle durchschnitt, bedauerte er ein letztes Mal die Welt, die nun ohne seine Kunst würde auskommen müssen. Natürlich hatte er sich vorher vergewissert, dass sich auch sein Schreiber Epaphroditus an seiner Seite befand, um diesen letzten Monolog für die Nachwelt festzuhalten.

Den Ausdruck benutzt man heute vor allem ironisch. Wer außer unseren besten Humoristen würde es sonst wagen, so großspurig aus dem Leben zu scheiden?

T.: WELCH GROSSER
NSTLER SCHEIDET MIT MIR
HIN! (LATEINISCHE REDEWEN-
NG, FÄLSCHLICHERWEISE
RO ZUGESCHRIEBEN.) (3A)

DREIFUSS DIXIT:
WIE MAN OFT SAGT: VANITAS,
VANITATUM ET OMNIA VANITAS.
(EITELKEIT DER EITELKEITEN,
ALLES IST EITEL.)

QUI HABET AURES AUDIENDI, AUDIAT!

Wer Ohren hat zum Hören, der höre!

Das Geschenk Cäsars, S. 8.

**M**atthäus und Markus, zwei der vier Evangelisten, ermunterten auf diese Weise alle Menschen, das Wort Christi zu hören im Sinne von „verstehen".

Nahe verwandt ist das deutsche Sprichwort „Wer nicht hören will, muss fühlen", obwohl etwas drastischer, hinsichtlich der Folgen des Nichthörens.

Diese im Neuen Testament häufig wiederholte Aufforderung appelliert an alle Sünder, die über zwei Ohren verfügen, aus der Weisheit des Heilands Lehren zu ziehen. Manche „hören" und folgen seinem Weg, andere nicht. Bekanntlich gibt es ja keinen schlimmeren Tauben als jemanden, der nicht hören *will*.

Profan gesehen ist dieser hübsche Satz eine gute Einleitung für die Ansprache eines etwas großspurigen Redners, der Wert darauf legt, von seinen Zuhörern gehört und verstanden zu werden. Allerdings ohne Erfolgsgarantie.

QUID NOVI, FILI?

Was Neues, mein Sohn?

Asterix und Maestria, S. 40.

Nichts deutet darauf hin, dass dieser Spruch irgendwo historisch belegt ist, obwohl er ein bisschen an das *Tu quoque, fili!* erinnert, das Cäsar verwundert fragt, als Brutus ihn ermorden will (siehe S. 112). Handelt es sich um eine ironische Übertragung des amerikanischen Ausdrucks *What's up?* Vielleicht ... Auf jeden Fall ist *quid novi* eine praktische, lockere Frage, um mit jemandem ins Gespräch zu kommen.

Manchmal begegnet man dem erweiterten Ausdruck: *Quid novi sub sole?* (Was gibt's Neues unter der Sonne?) Dabei handelt es sich um eine Variante des berühmten Spruchs aus dem Buch Prediger (auch *Liber Ecclesiastes* oder *Kohelet*), eines der herausragendsten Bücher der hebräischen Bibel: „Was geschehen ist, wird wieder geschehen, was man getan hat, wird man wieder tun: Es gibt nichts Neues unter der Sonne."

Quid ganz allein benutzt man im Französischen bisweilen immer noch in seiner lateinischen Form. Damit stellt man Fragen im Stil von „qu'en est-il de?" „Wie steht es darum?" Zum Beispiel könnte man die Frage: „*Quid* das nächste *Asterix*-Abenteuer?" beantworten mit: „Das wird natürlich ausgezeichnet!"

DREIFUSS DIXIT:
QUID NOVI? NICHT VIEL ...
DAS ÜBLICHE EBEN.

QUIS, QUID, UBI, QUIBUS AUXILIIS, CUR, QUOMODO, QUANDO?

WER, WAS, WO, MIT WELCHEN MITTELN, WARUM, AUF WELCHE WEISE, WANN?

Die goldene Sichel, S. 43.

Asterix und Latraviata, S. 43.

im 1. Jahrhundert unserer Zeitrechnung entwickelte Quintilian, ein Lehrer der Rhetorik (Redekunst), diese Fragenkette, die einem Schriftsteller bei der Entwicklung seiner Texte helfen soll. Polizisten benutzen bei ihren Ermittlungen übrigens dieselbe.

Person, Handlung, Ort, Mittel, Motive, Art und Weise und Zeit – solange man nicht jedes einzelne dieser Elemente definiert hat, ist es zwecklos, eine glaubwürdige Geschichte oder eine überzeugende Rede schreiben zu wollen.

Auf dem Kommissariat stellt man die Fragen folgendermaßen: Wer sind Opfer und Schuldige? Was war das für ein Verbrechen? Wo wurde es begangen? Warum und für wen? Auf welche Weise und mit welchen Komplizen? Zu welchem Zeitpunkt?

Hat man all diese Fragen beantwortet, ist der Kriminalfall gelöst und kann dem Staatsanwalt übergeben werden.

Das Kleineplus: Die Redekunst

Quintilian hatte für angehende Rhetoriker noch einen anderen Merkspruch: *inventio, dispositio, elocutio, memoria, actio.* Also in dieser Reihenfolge: die Ideensammlung (Thema, Argumente finden), die Gliederung (des Vortrags), die Diktion (sprachliche Gestaltung), das Einprägen (alles auswendig lernen), der Vortrag (die Worte durch Gestik unterstützen).

QUOMODO VALES?

Wie geht es dir?

Asterix der Gallier, S. 36.

Q

Die Römer haben nicht nur den lieben langen Tag damit verbracht, unantastbare Wahrheiten zu formulieren und sich komplizierte Sprichwörter auszudenken. Sie waren ansonsten ganz gewöhnliche Menschen, und wenn sich zwei Freunde auf der *Via Appia* trafen, fragten sie einander: *Quomodo vales? Quid novi?* (Wie geht's? Was gibt's Neues?)

Die schlichten Umgangsformen des Durchschnittsrömers dürfen nicht darüber hinwegtäuschen, dass seine Stadt das ganze Mittelmeerbecken, den Großteil Westeuropas und diverse Länder im Osten unter der Knute hielt. Die Lateiner verbreiteten überall ihre Gesetze, ihre weitgehend von den Griechen beeinflusste Kultur und vor allem ihre Sprache, die sogar unsere geprägt hat …

Es gibt im Deutschen zwar auch viele griechische Fremdwörter, aber noch mehr stammen aus dem Lateinischen. Manche erkennt man sogar kaum noch als solche. Autobus, Figur, Frust, Kamera, Alibi, Konsens, Fabrik, Karren, gratis, Magnum, Revolution, Lapsus, Placebo, Tandem, Curriculum Vitae, Fenster und Agenda sind lateinische Wörter.

Selbst wenn man eine einfache Tatsache wie „Die *Asterix*-Alben sind das Nonplusultra!" ausspricht, hat man schon zwei benutzt!

DREIFUSS DIXIT:
QUOMODO VALES?
GEHT SO.

QUOT CAPITA, TOT SENSUS

So viele Köpfe, so viele Meinungen

Asterix im Morgenland, S. 34.

Von diesem Spruch gibt es viele Varianten. Manchmal liest man auch *quot capita, tot sententiae*, das sich direkt vom Original ableitet, oder auch *quot homines, tot sententiae* (so viele Menschen, so viele Meinungen), ersonnen von dem aus Karthago stammenden Bühnendichter Terenz. Diese Varianten veranschaulichen bildhaft die Bedeutung dieses ironischen kleinen Ausspruchs. Wie unser großer Komödienschreiber erkannt hatte, haben die Menschen nun mal Mühe, sich gegenseitig zu verstehen.

Dieser Aphorismus belegt auch den lateinischen Charakter Frankreichs und aller Franzosen, den sie von der glänzenden römischen Kultur geerbt haben. So hat General de Gaulle einmal versichert, dass „ein Land, in dem dreihundertfünfundsechzig Käsesorten hergestellt werden, unregierbar ist". Aus demselben Grund hat er auch behauptet, er könne den Krieg gar nicht verlieren. Aber das ist eine andere Geschichte.

Wie dem auch sei, jedes Mitglied einer menschlichen Gruppe denkt, meist zu Unrecht, gegenüber allen anderen recht zu haben. Ein weiser Mensch wird die Diskussion dann mit diesem Zitat schließen und anschließend die richtige Entscheidung fällen, indem er ... nur seiner eigenen Meinung folgt!

DAS KLEINEPLUS: *TESTIS UNUS, TESTIS NULLUS*

„Ein einziger Zeuge, gar kein Zeuge." Ähnlich wie das medizinische ist auch das juristische Vokabular tief in der lateinischen Weisheit verwurzelt. So schenken Rechtsgelehrte der Aussage eines einzigen Zeugen, die von keinem anderen bestätigt wird, keinerlei Glauben. Zusammengefasst: eine Meinung, keine Meinung; und so viele Person, so viele Meinungen. Es ist nicht einfach, Recht zu sprechen.

QUOUSQUE TANDEM?

Wie lange noch?

Die Trabantenstadt, S. 40.

Dieses Zitat wirkt auf den ersten Blick banal. Trotzdem fängt so ein Text an, der den Lauf der Geschichte geändert hat. So beginnt die erste der vier *Reden gegen Catilina*, in denen der gewaltige Rhetoriker Cicero den Staatsstreich des Senators Catilina anprangert. Dieser anrüchige Politiker – er wurde wegen Mord und Inzest angeklagt – stiftete 63 v. Chr. eine Verschwörung an, um in Rom die Macht an sich zu reißen. Doch Cicero passte auf und vereitelte dieses niederträchtige Vorhaben allein durch die Macht seiner Beredsamkeit. 62 v. Chr. wurde Catilina als Volksfeind mit seinen Truppen und Mitverschwörern von der regulären römischen Armee niedergemacht.

Ciceros Sprache ist so erhaben, dass man nicht umhinkann, hier die vollständige Einleitung abzudrucken:

Quousque tandem abutere, Catilina, patientia nostra?

Quamdiu etiam furor iste tuus nos eludet?

Quem ad finem sese effrenata iactabit audacia?

„Wie lange noch, Catilina, wirst du unsere Geduld missbrauchen? Wie lange noch wird uns dieser dein Wahnsinn verspotten? Bis zu welchem Punkt wird sich die zügellose Frechheit vorwagen?"

Ein kultivierter Mensch versteht es, mit der Einleitung von Ciceros Rede jedes deplatzierte Betragen oder unangemessene Benehmen in einem eleganten Latein zu maßregeln.

> DREIFUSS DIXIT:
> QUOUSQUE TANDEM ABUTEMINI, GALLI, PATIENTIA NOSTRA? (WIE LANGE NOCH, GALLIER, WERDET IHR UNSERE GEDULD AUF DIE PROBE STELLEN?)

QUO VADIS?

Wohin gehst du?

Asterix und der Arvernerschild, S. 5.

Asterix und der Kupferkessel, S. 1

Nach dem Opfertod des Heilands zog Petrus, einer seiner Apostel, nach Rom, um die Stadt zu evangelisieren. Damals herrschte Kaiser Nero, der die Christen verfolgen ließ. Machtlos musste Petrus die Hinrichtungen mit ansehen, bis er entmutigt die Stadt, die später der Sitz des Christentums werden sollte, verlassen wollte. Da erschien ihm Jesus auf der Via Appia! Petrus fragte ihn: *„Quo vadis, domine?"* (Wohin gehst du, Herr?) „Weil du aufgibst, gehe ich nach Rom, um mich dort erneut kreuzigen zu lassen", antwortete die Erscheinung. Bestürzt kehrte Petrus sofort um und starb der Legende zufolge am Kreuz, nur mit dem Kopf nach unten, um den Sohn Gottes nicht nachzuahmen.

Der um 70 n. Chr. gestorbene Petrus war der erste Bischof Roms, den man erst seit dem frühen 3. Jahrhundert Papst nennt. Angeblich wurde er im Circus Vaticanus hingerichtet, wo heute der Petersdom steht. Dieser Sitz des Papsttums wurde im 16. Jahrhundert über einem Vorgängerbau aus dem 4. Jahrhundert errichtet. Demnach ruht Petrus seit etwa 2000 Jahren unter der nach ihm benannten Kirche.

Das Kleineplus: *Quo vadis* lesen und sehen

Der Ausdruck *Quo vadis* machte Furore, weil der gleichnamige Roman (1896) des polnischen Schriftstellers Henryk Sienkiewicz zu einem unglaublichen Bestseller wurde. Er erzählt die epische Geschichte eines römischen Bürgers, der sich in eine junge Christin verliebt. Das Buch wurde in über fünfzig Sprachen übersetzt und mehrmals verfilmt. In Hollywood machte Mervyn LeRoy daraus einen Sandalenfilm (1951) mit Robert Taylor, Deborah Kerr und Peter Ustinov (genial in der Rolle des Nero). Der Film erhielt eine Menge Oscar-Nominierungen, fast so glorreich wie Sienkiewicz, der den Nobelpreis für Literatur erhalten hatte.

Redde Caesari quae sunt Caesaris

Gib Cäsar, was Cäsar gehört

Obelix GmbH & Co. KG, S. 33.

Et quae sunt dei deo (und Gott, was Gott gehört). Das ist die Fortsetzung dieses bekannten Zitats, die seinen christlichen Ursprung bestätigt. So lautete die Antwort, die Jesus einem Pharisäer (jüdischer Stamm in Judäa) gab, als dieser ihn fragte, ob man dem römischen Kaiser Augustus Steuern zahlen solle. Hier sei daran erinnert, dass „Cäsar" der Titel des Kaisers war, der zu Beginn unserer Zeitrechnung auch über Judäa herrschte, einer Gegend am Toten Meer, die heute halb im Westjordanland, halb in Israel liegt. Um alle Umstehenden zu überzeugen, ihre Abgaben zu entrichten, forderte Jesus sie auf, eine Münze zu betrachten. Auf ihr war das Porträt des Augustus eingeprägt. Darum war klar, dass sie ihm zustand.

Diese Maxime versinnbildlicht auch, dass Gott sich um das spirituelle Leben kümmert, sich aber nicht in die irdischen Gesetze, die jeder befolgen soll, einmischt.

Heute kann dieses Gleichnis aus den Evangelien mehrere Bedeutungen annehmen. Oft auf Deutsch zitiert kann man so einen Schuldner humorvoll daran erinnern, dass er gut daran täte, seine Schulden zu begleichen. Aber man kann damit auch eine gute Tat würdigen und vor allem die Verdienste ihres Urhebers anerkennen. Ob er nun Cäsar heißt oder nicht.

Dreifuss dixit:
Und wer gibt Rotbart sein Schiff zurück? Redde barbae russae quae sunt barbae russae.

Sic transit gloria mundi

So vergeht der Ruhm der Welt

Asterix im Morgenland, S. 16.

Das ist eine elegante Art, abgehalfterte Berühmtheiten, Möchtegernpromis, unlesbare Schriftsteller, überforderte Politiker und alle Stars, die unaufhaltbar verblassen, dem Vergessen anheimzugeben. Ruhm ist vergänglich, das müsste jeder Berühmtheit klar sein.

Übrigens murmelte man diese Sentenz früher jedem frisch gewählten Papst ins Ohr, um ihn an die Flüchtigkeit seiner Macht auf Erden zu erinnern. Sie stammt aus der Schrift eines anonymen Autors, *Die Nachfolge Christi*, und wurde ab dem 14. Jahrhundert hochberühmt (der Wälzer natürlich, nicht der Autor).

Dieses auf Latein verfasste Erbauungsbuch forderte alle auf, Jesu Wort zu folgen, und fand rasch weite Verbreitung. In mehrere Sprachen übersetzt (ein Dutzend Mal allein ins Französische), war es im 18. Jahrhundert mit 2,4 Millionen Exemplaren das meistgelesene Buch nach der Bibel. Doch der Welten Ruhm vergeht. Heute wird es Thomas von Kempen zugeschrieben, einem deutschen Mönch, und ist längst nicht mehr so populär, aber immer noch als Taschenbuch erhältlich.

DAS KLEINEPLUS: *CAVE NE CADAS*

Ähnlich wie die Päpste sollten sich alle römischen Generäle der Vergänglichkeit ihres Ruhmes bewusst sein. Auf ihrem Triumphzug durch die Straßen Roms rief ihnen darum immer ein Sklave in Erinnerung: *cave ne cadas* (hüte dich vor dem Sturz).

DAS KLEINEPLUS: *HABEMUS PAPAM*

„Wir haben einen Papst." Mit diesem kurzen Satz verkündet der Vatikan die Wahl eines neuen Kirchenfürsten. Wenn man von Päpsten und Latein spricht, kann man nicht umhin, ein anderes legendäres, aber zweifellos falsches Lateinzitat zu erwähnen. Obwohl nur ein Mann Papst werden darf, erzählt man sich, dass einst eine verkleidete Frau zum Kirchenoberhaupt gewählt wurde. Erst als sie in aller Öffentlichkeit ein Kind zur Welt brachte, flog der Skandal auf. Seitdem verlangte man von allen Nachfolgern, auf einem Stuhl mit einem Loch in der Sitzfläche Platz zu nehmen, auf dass ein dazu bestallter Geistlicher ihre Männlichkeit überprüfe. *Duos habet et bene pendentes*, rief dieser dann zur Beruhigung aller Umstehenden: „Er hat ihrer zwei und sie hängen gut."

SOL LUCET OMNIBUS

Die Sonne scheint für alle

Asterix und die Normannen, S. 34.

Dieser Spruch wird oft Petronius zugeschrieben, der sein bedeutendstes Buch, *Satyricon,* im 1. Jahrhundert verfasst hat. In genau diesen Worten, nur in einer anderen Reihenfolge (*sol omnibus lucet*), willigte die Hauptperson darin ein, die Liebe zu seinem blutjungen Geliebten Giton mit einem Freund zu teilen: „Es ist für mich schmerzhaft, dass dieses Kind einem anderen gefällt. Doch in dem Besten, was die Natur geschaffen hat (…), scheint die Sonne für alle."

Das Zitat steht auch im Matthäusevangelium, allerdings in einem, wie man sich denken kann, völlig anderen Kontext. Der Apostel beschreibt die universelle Liebe Gottes für alle Menschen, denn „der Vater im Himmel lässt seine Sonne aufgehen über die Bösen und über die Guten und lässt es regnen über Gerechte und Ungerechte".

Im Französischen wurde das Zitat sprichwörtlich als Ausdruck für das große Prinzip der Gleichheit – dieselben Rechte und Chancen für alle – und erscheint bei vielen Autoren, von Voltaire bis Tolstoi.

PS: Nebenbei gesagt klingt die lateinische Devise aus dem Munde eines Arverners weitaus weniger erhaben.

Asterix und der Arvernerschild, S. 26.

SUMMUM IUS, SUMMA INIURIA

Das strengste Recht ist das grösste Unrecht

Obelix auf Kreuzfahrt, S. 31.

Dura lex, sed lex (das Gesetz ist hart, aber es ist das Gesetz). Juristen, die alles gern binar simpel halten, verdanken viele ihrer geflügelten Worte dem Lateinischen, in dem man alles elegant formulieren kann.

Cicero, ein brillanter Vertreter der lateinischen Kultur, übte unter anderem den Beruf des Anwalts aus. Seine letzte moralphilosophische Schrift, *De Officiis* (Über die Pflichten), handelt von der Moral, der Politik, der Justiz und ihrem unvermeidlichen Gegenteil, das die römische Gesellschaft korrumpierte. Das daraus stammende *summum ius, summa iniuria* ist eine Zusammenfassung der Ansichten Ciceros. Nach seiner Überzeugung führt eine allzu strikte Anwendung des Rechts nur zu Ungerechtigkeit.

Zur gleichen Zeit wie *De Officiis* veröffentlichte Cicero seine *Philippicae*, heftige Streitschriften gegen Marcus Antonius, der als einer der Erben Julius Cäsars Rom seine Herrschaft aufzwingen wollte. In dieser unruhigen Phase der Republik, die sechzehn Jahre später zur Gründung des Kaiserreichs führen sollte, ließ Marcus Antonius 43 v. Chr. Cicero hinrichten. Er ordnete sogar an, Kopf und Hände des Schriftstellers, die ihn verraten hatten, öffentlich zur Schau zu stellen. Der Gipfel der Ungerechtigkeit.

 DAS KLEINEPLUS: *BIS REPETITA PLACENT* (WIEDERHOLTES GEFÄLLT ZWEIMAL)

Cessante causa, cessat effectus (fällt die Ursache fort, entfällt auch die Wirkung); *pars est in toto, totum non est in parte* (das Teil ist im Ganzen, das Ganze ist nicht im Teil); *semel heres, semper heres* (einmal Erbe, immer Erbe); *testis unus, testis nullus* (ein einziger Zeuge, gar kein Zeuge); *uti possidetis, ita possideatis* (wie ihr besitzt, so sollt ihr besitzen) ...

Das juristische Latein hat eine Schwäche für Alliterationen und Textsymmetrie: Wiederholtes gefällt zweimal (siehe S. 28).

SURSUM CORDA!

Hoch die Herzen!

Asterix der Gallier, S. 34.

Wörtlich lässt sich der Spruch mit „Erheben wir unsere Herzen!" übersetzen. Doch in der Umgangssprache wurde er auf „Hoch die Herzen!" reduziert Das mildert seinen religiösen Ursprung ein wenig ab. Der Satz ist Teil des kurzen interaktiven Gebets, das in fast allen christlichen Konfessionen – katholisch, protestantisch und anglikanisch – den Gottesdienst einleitet:

Priester: *Dominus vobiscum.* (Der Herr sei mit euch.)

Gemeinde: *Et cum spiritu tuo.* (Und mit deinem Geiste.)

Priester: *Sursum corda.* (Erhebet die Herzen.)

Gemeinde: *Habemus ad Dominum.* (Wir haben sie beim Herrn.)

Priester: *Gratias agamus Domino Deo nostro.* (Lasset uns danken dem Herrn, unserem Gott.)

Gemeinde: *Dignum et iustum est.* (Das ist würdig und recht.)

Dieser Aufforderung zur Erhebung der Herzen begegnet man manchmal auch ohne ihren streng religiösen Kontext. Sie trifft zu, wenn man sich in einer schwierigen Lage gemeinsam Mut machen will, oder kann dazu dienen, Truppen anzufeuern, die den Mut verloren haben. Übrigens ist sie die Devise des 40. französischen Artillerieregiments. Hoch die Herzen und habt acht!

TIMEO DANAOS ET DONA FERENTES

ICH FÜRCHTE DIE DANAER, AUCH WENN SIE GESCHENKE BRINGEN

Asterix als Legionär, S. 17.

Dieses Zitat stammt aus der *Aeneis*, Vergils langem Gedicht über die Irrfahrten des Trojaners Aeneas. Dazu ein kleiner Überblick über den legendären Trojanischen Krieg, wie ihn der Grieche Homer in der *Ilias* erzählt hat, eine der wichtigsten Quellen für Vergil.

Paris, der trojanische Königssohn, hatte Helena, die Gattin des spartanischen Königs Menelaos, entführt. Darum verbündeten sich die griechischen Fürsten, um sie zu befreien und den Kidnapper zu bestrafen. Nach zehn Jahren Belagerung und epischen Schlachten erdachte Odysseus eine List. Die Griechen täuschten ihren Abzug vor und ließen vor der Stadtmauer von Troja ein riesiges Holzpferd zurück. Die Belagerten hielten es für ein Geschenk der Griechen, ein Eingeständnis ihres Scheiterns, und stellten es auf dem zentralen Platz der Stadt auf. Ihr Priester, der misstrauische und scharfsinnige Laocoon, versuchte sie zu warnen: Timeo Danaos usw. Doch die Götter hatten ihre Seite gewählt, und zwei Schlangen tauchten aus dem Meer auf, um den armen Laocoon mit seinen beiden Söhnen in die Tiefe zu zerren. Nachts kroch Odysseus mit seinen Komplizen aus dem Versteck im Pferd und ... es war geschehen um Troja. Aeneas floh. Nach vielen Widrigkeiten gelangte er nach Latium, während Odysseus auf der Heimfahrt ebenfalls mit diversen Problemen zu kämpfen hatte (siehe die Odyssee). Vergils leider nur selten benutzte Weisheit erinnert daran, dass man vor Feinden auch dann auf der Hut sein sollte, wenn sie einen freundlichen Eindruck machen.

DAS KLEINEPLUS: DIE NAMEN DER GRIECHEN

Normalerweise nannten die Römer alle „Griechen" Graeci. Homer bezeichnete seine Landsleute aber lieber mit ihren mythologischen Namen: Achaier, Argiver oder Danaer (Danai auf Latein). Vergil übernahm diesen poetischen Ausdruck in der Aeneis als Bezeichnung für das Volk des Menelaos, also die Griechen!

DREIFUSS DIXIT:
KLEINE GRAMMATIKALISCHE KURIOSITÄT: DAS LATEINISCHE ET, DAS MEIST „UND" BEDEUTET, ÜBERNIMMT HIER DIE ROLLE EINES KONZESSIVEN KONJUNKTIVS WIE „OBWOHL", „AUCH WENN" ODER „VOR ALLEM WENN".

TU QUOQUE, FILI!

Auch du, mein Sohn!

Der Sohn des Asterix, S. 47.

Asterix als Gladiator, S. 38.

Am 15. März 44 v. Chr. ernannte sich Cäsar selbst zum Diktator auf Lebenszeit. Sehr verärgert darüber, ließ ihn die römische Aristokratie durch Verschwörer ermorden. Unter denen, die Cäsar erdolchten, befand sich auch sein Sohn Brutus, an den der Sterbende diesen letzten Satz richtete. Die Nachwelt hat ihn als Ausdruck des Verrats oder des unwürdige Verhaltens eines Nahestehenden bewahrt.

Ein schwacher Trost für den armen Julius ist, dass dieser Sohn „nur" der einer Mätresse und wahrscheinlich nicht einmal von ihm selbst gezeugt war. Das würde immerhin einiges erklären. Jedenfalls vergoss Brutus das Blut seines „Beinahevaters" und Goscinny eine Menge Tinte mit diesem Satz, den Cäsar in *Asterix* wiederholt geradezu prophetisch ausspricht.

Obwohl er heute, ähnlich wie Judas, eine Ikone des Verrats ist, wurde Brutus nur von der noblen Absicht geleitet, die Republik zu retten und vor Cäsars Diktatur zu bewahren. Zwei Jahre später wurde Brutus von denen besiegt, die seine geliebte Republik in ein Kaiserreich verwandeln sollten, und beging Selbstmord. Vatermord zahlt sich eben nicht aus.

> DREIFUSS DIXIT:
> CÄSARS LETZTE WORTE WURDEN IN SUETONS BIOGRAFIE ZITIERT. DER ERLÄUTERT ZUDEM, DASS CÄSAR SIE ALS GEBILDETER MANN AUF GRIECHISCH SPRACH: KAI SU TEKNON. MAN MÜSSTE GRIECHISCH KÖNNEN.

UBI SOLITUDINEM FACIUNT, PACEM APPELLANT

Sie schaffen eine Wüste und nennen das Frieden

Asterix und der Kupferkessel, S. 15.

Im ersten Jahrhundert unserer Zeitrechnung brach der römische General Agricola auf, um die *Britannia* zu erobern – das zukünftige Großbritannien hatte noch nicht seine Größe erlangt. Gnadenlos unterwarf Agricola verschiedene Stämme, darunter die Pikten, die unsere Gallier in einem ihrer Abenteuer besucht haben. Diese Vorfahren der Schotten, auch Kaledonier genannt, gehorchten dem edlen Calgacus, dem wir Tacitus zufolge dieses Zitat verdanken.

Der Historiker und römische Senator Tacitus war zugleich der Schwiegersohn des Generals. 98 n. Chr., fünf Jahre nach dem Tod seines Schwiegervaters, veröffentlichte er die Biografie *Agricola* zu Ehren dieses großen Mannes und der Macht Roms. Doch Tacitus sprengte in seinem Buch den Rahmen einer einfachen Lobeshymne: Wie ein Ethnologe versetzte er sich in die Besiegten hinein und hatte Verständnis für ihre Weigerung, sich der *Pax Romana* (siehe S. 82) zu unterwerfen und anzupassen.

Zum Beispiel gab Tacitus die Rede wieder, in der Calgacus vor der Schlacht, die er verlieren sollte, seine Truppen anfeuerte. Die Römer bezeichnete er darin als *raptores orbis*, Plünderer der Welt. Dieses pikante Zitat der Pikten kann allen Völkern, die einer Fremdherrschaft unterworfen sind, als leuchtende Standarte dienen.

 DAS KLEINEPLUS: DER HADRIANSWALL

Die Römer besetzten zwar den Süden Englands, fassten aber nie in Schottland Fuß. Im Jahre 122 ließ Kaiser Hadrian eine Mauer errichten, um die Barbaren in ihrem Territorium zurückzuhalten. Noch heute sieht man einige Überreste davon. Zwanzig Jahre später ließ Antoninus weiter nördlich eine zweite Mauer errichten. Vergebliche Liebesmühe, die Pikten zerstörten sie Ende des 2. Jahrhunderts.

Asterix bei den Briten, S. 5.

UNA SALUS VICTIS, NULLAM SPERARE SALUTEM

Ein Heil bleibt dem Besiegten allein, kein Heil mehr zu hoffen

Der große Graben, S. 44.

Noch eine Lebensweisheit aus der *Aeneis*, die der Autor Vergil dem Aeneas in den Mund legte. Aeneas war der mythologische Stammvater der Römer und stammte aus Troja, jener Stadt, die in einem wohl tatsächlich stattgefundenen Krieg von den Griechen zerstört wurde (siehe S. 110).

Als (nach der legendären Version der Geschichte) die aus dem Holzpferd des Odysseus gekrochenen griechischen Krieger die Stadt plünderten, forderte Aeneas seine Gefährten auf, in diesem im Voraus verlorenen Krieg mit dem Mut der Verzweiflung zu kämpfen. Eine Erscheinung seiner Mutter, der Göttin Venus – oh ja, Aeneas war sozusagen ein Halbgott –, forderte ihn auf, seine Stadt und den Kampf aufzugeben. Der zweite Gesang der *Aeneis* endet mit der Flucht des Helden, der seinem Geschick entgegeneilte. Das führte ihn nach langen Irrfahrten, unglücklichen Liebschaften, einem Besuch in der Unterwelt und homerischen Schlachten ins Latium. Dort, in der Umgebung von Rom, ließ er sich nieder, obwohl es die Stadt damals noch gar nicht gab. Sie wurde erst von einem Nachfahren des Aeneas gegründet.

Dieses defätistische Zitat kann man als Ergänzung zu *vae victis* („wehe den Besiegten", siehe S. 122) sehen. Es verdeutlicht auch die Grausamkeit des Krieges in der Antike, als man weder die Genfer Konvention kannte, noch Besiegte verschonte. Keine Gnade.

Uti, non abuti

Gebrauchen, nicht missbrauchen.

Obelix GmbH & Co. KG, S. 33.

Dieser „Grundsatz der Mäßigung", wie er in den rosa Seiten des von Goscinny zurate gezogenen Wörterbuchs *Larousse* sehr hübsch beschrieben wird, lässt sich auf alles anwenden. Auch wenn man automatisch an die obligatorischen Warnungen beim Ausschank alkoholischer Getränke denken muss, ist er weitaus mehr als eine Empfehlung, nüchtern zu bleiben.

Natürlich hängt alles davon ab, welchen Maßstab man anlegt und welchen Standpunkt man einnimmt. Wenn zum Beispiel Obelix gebratene Wildschweine nur in – seiner Meinung nach – maßvollen Mengen genießt, stufen andere das als Völlerei ein. Solche Leute wagen es sogar, ihn „dick" zu nennen, eine absolut unangemessene Bezeichnung für jemanden, der lediglich ein paar charmante Rundungen hat.

Übrigens gibt es im alten Recht erstaunlicherweise noch eine andere Maxime, die praktisch die gegenteilige Ansicht vertritt. *Abusus non tollit usum* (Missbrauch schließt den Gebrauch nicht aus) besagt klar, dass der maßlose Genuss einer Sache nicht unbedingt verlangt, gänzlich darauf zu verzichten. Ohne diesen Grundsatz wäre zum Beispiel der Genuss von Alkohol mit der Begründung, dass manche zu viel saufen, ganz verboten. Dasselbe gilt für Wildschweine.

DAS KLEINEPLUS: *AGE QUOD AGIS*

„Tu, was du tust", im Sinne von „sei, was du tust". Erwäge deine Handlungen, lass dich nicht ablenken. Eine andere hübsche Formel für einen Rat, den jeder zum eigenen Nutzen befolgen sollte. Was für eine herrliche Sprache!

VADE RETRO!

Weiche zurück!

Asterix und der Arvernerschild, S. 19.

Ursprünglich richtete sich dieser Befehl an den Satan, und zwar in der Form von *Vade retro, Satana!* Man begegnet ihm in den Evangelien zweimal, einmal bei Matthäus und ein andermal bei Markus. Im Matthäusevangelium weist Jesus so den Teufel zurück, der ihn dreimal versuchen kommt. Im Markusevangelium tadelt er den Apostel Petrus, der gewagt hatte, ihm zu widersprechen.

Oft wird *Satana* mit einem „s" am Ende geschrieben. Seltsamerweise hat sich der Gebrauch dieses „s" durchgesetzt, obwohl es keine grammatikalische Berechtigung besitzt. Satan drängt sich manchmal selbst auf, wenn er von menschlichen Seelen Besitz ergreifen will. Der Exorzist, ein Priester und Teufelsjäger, den Hollywood zum Protagonisten von Horrorfilmen gemacht hat, ruft übrigens diese rituelle Formel, um den Dämon auszutreiben.

Im Alltagsleben bleibt *vade retro* eine amüsante Art, echten oder gespielten Widerwillen gegen ein unanständiges Angebot auszudrücken. Mit ihr kann man auch eine unangenehme Person auf Abstand halten und auf jeden Fall einen geschlagenen Gegner auffordern, zurück zum Start zu ziehen.

DAS KLEINEPLUS: VADE

Vade heißt also „geh", Imperativ in der zweiten Person Singular des Verbs „gehen". *Vade in pace* (Gehe in Frieden) wurde als Gruß verwendet. Dagegen bezeichnet ein Vademecum, wörtlich „geh mit mir", einen Ratgeber, den man mit sich führt, um nichts zu vergessen.

VAE VICTIS!

Wehe den Besiegten!

Asterix der Gallier, S. 5.

Da ein Besiegter aus einer Niederlage selten unbeschadet hervorgeht, könnte man in dieser drohenden Ermahnung einen Pleonasmus sehen. Sie trifft jedoch zu, wenn sich der Sieger nicht mit dem Scheitern des Verlierers begnügt, sondern ihn zusätzlich noch erniedrigen will.

Es ist eine Ironie der Geschichte und eine zusätzliche Demütigung, dass dieses Lateinzitat, das der Historiker Titus Livius überliefert, von einem Gallier stammt! Im Jahre 390 vor J. C. (Jesus Christus, nicht Julius Cäsar) schlug Brennus, ein keltischer Heerführer, die Römer und belagerte ihre Stadt, die damals noch nicht ewig war.

Besiegt handelte Rom den Abzug der Belagerer aus, gegen 300 Kilo Gold. Um die Erniedrigung der Römer vollständig zu machen, warf der Gallier mit dem Ruf *Vae victis!* sein schweres Schwert in die Waagschale, um seinen Feinden deutlich zu machen, dass er jetzt der Chef war. Dreihundert Jahre später sollte die Rache fürchterlich sein ...

Das Kleineplus: *Gloria victis!*

Man kann fairer sein als Brennus und den Wert derjenigen, die man besiegt hat, anerkennen. Man kann sogar wünschen, dass sie erhobenen Hauptes in die Geschichte eingehen. Dazu dient dieses großmütige, gegensätzliche Zitat: „Ruhm den Besiegten!"

Asterix und Maestria, S. 14.

Das Kleineplus: Brennus und Brennus

Obwohl Brennus neben seinem historisch belegten Schwert bestimmt auch noch einen Schild besaß, geschieht es nicht zu Ehren des gallischen Heerführers, dass der Sieger der französischen Rugbymeisterschaft einen „Schild des Brennus" erhält. Die Siegestrophäe trägt lediglich den Namen ihres Urhebers, des Bildhauers Charles Brennus (1859-1943).

Vanitas vanitatum et omnia vanitas

Es ist alles ganz eitel

Asterix als Gladiator, S. 15.

Das Buch *Prediger*, auch *Liber Ecclesiastes*, ein Kerntext der hebräischen Bibel, wurde angeblich im 10. Jahrhundert v. Chr. von Salomon, dem Sohn Davids und König von Israel, eigenhändig verfasst. Allerdings bezweifeln viele Spezialisten, in erster Linie Voltaire, diesen Ursprung. Für sie ist darin der Einfluss griechischer Weisheit offensichtlich, was eine Entstehung im 3. Jahrhundert wahrscheinlicher macht. Ein Expertenstreit.

Dieses Büchlein von großer formaler Schönheit fordert jeden Mann auf, seine Stellung zu akzeptieren, sich mit einfachen Dingen zu begnügen, sich mit der Frau, die er liebt, zu vergnügen und vor allem Gott zu fürchten. Angesichts des göttlichen Ratschlusses (die Wege des Herrn sind unergründlich) sind die Menschen schwach, verletzlich und schrecklich zugleich. Weise wie Tore, Gute wie Schlechte, Traurige wie Fröhliche, Gerechte wie Ungerechte – sie alle sind dem Tod und dem Vergessen geweiht.

Der Prediger (also Salomon) hat „gesehen alles Tun, das unter der Sonne geschieht, und siehe, es war alles eitel und Haschen nach Wind". Resigniert hält er jede menschliche Tätigkeit für belanglos, nichtig und eitel. Sein Kern trifft darum perfekt auf die Piraten zu, deren Geschick vorherbestimmt scheint und sich von Album zu Album wiederholt, auf eine recht eitle ... und feuchte Weise.

Das Kleineplus: Zitate

Das Buch *Prediger* überliefert uns viele großartige Sprüche, von denen einige sprichwörtlich geworden sind: „Es gibt eine Zeit für alles" oder „Nichts Neues unter der Sonne" (siehe S. 71) und nicht zu vergessen *Vae soli!* (Wehe dem Einzelnen!), an den Dreifuß sicher oft denken muss.

VENI, VIDI, VICI

ICH KAM, SAH, SIEGTE

Asterix in Spanien, S. 6.

V

Dieses Zitat, wahrscheinlich das berühmteste von allen, verdanken wir unserem guten Julius Cäsar. Ausgeschickt, um Pharnakes von Pontos (der Gegend am Bosporus beim heutigen Istanbul) zu unterwerfen, weil der die Oberherrschaft Roms ablehnte, errang Julius 47 v. Chr. einen raschen, sauberen, glänzenden Sieg. Pharnakes ging ins Exil und Cäsar in die Geschichte ein, nicht zuletzt dank seiner unvergleichlichen Schlagfertigkeit.

Sueton und Plutarch, zwei der wichtigsten Biografen von Julius, haben sein Bonmot überliefert, eine geniale Kombination rhythmischer Reime in alliterierender Knappheit, anhand der viele Generationen junger Lateinschüler das Perfekt auf i erlernt haben. Spezialisten nennen diese schöne Stilfigur, die ohne Verbindungswörter auskommt, eine „Parataxe".

Minimal gebildete Angeber verwenden diese Parataxe manchmal, um mit einem leicht errungenen Sieg zu prahlen. So verherrlichen sie ihren Triumph, auch wenn ihre Bescheidenheit dabei zu kurz kommt. Julius Cäsars perfekte Formulierung wurde häufig variiert, imitiert und parodiert, sogar von Victor Hugo. Ein Gedicht aus seinen *Contemplations* (1856) trägt den Titel *Veni, vidi, vixi* (Ich kam, ich sah, ich habe gelebt). Doch geben wir Cäsar ... Sie wissen ja (siehe S. 100).

DREIFUSS DIXIT:
VENI, VIDI, NIX VICI.

VERBA VOLANT, SCRIPTA MANENT

Gesprochenes verfliegt, Geschriebenes bleibt

Der Papyrus des Cäsar, S. 18.

In *Der Papyrus des Cäsar* zitiert Miraculix eine gallische, allerdings völlig verdrehte Version dieses alten lateinischen Sprichworts, das empfiehlt, mündliche Übereinkünfte schriftlich festzuhalten. Im Gegensatz zu den alten Galliern, die nur der mündlichen Überlieferung vertrauten – das Wissen der Druiden wurde nur von Mund zu Ohr weitergegeben –, leben wir in einer Zivilisation der Schrift. In unserer modernen, bürokratischen Welt hat das gegebene Wort nur wenig Gewicht gegenüber einem von beiden Parteien schriftlich festgehaltenen und unterzeichneten Vertrag.

Die Gallier drückten sich auf Gallisch aus, einer festlandkeltischen Sprache, die sich bis ins 5. Jahrhundert erhalten hat. Sie redeten zwar viel, schrieben aber wenig und besaßen auch kein eigenes Alphabet. Demzufolge wissen wir kaum etwas über diesen alten Dialekt, von dem heute nur wenige Wörter im Zusammenhang mit der Natur oder der Landarbeit überlebt haben: „chêne" (Eiche), „bruyère" (Heidekraut), „caillou" (Kiesel), „galet" (Geröll), „if" (Eibe), „ruche" (Bienenstock), „charrue" (Pflug), „tonneau" (Fass) sind direkt aus dem Gallischen abgeleitet.

Nach der Eroberung Galliens – siehe ganz am Anfang aller *Asterix*-Alben – hat sich die römische Effizienz überall durchgesetzt, angefangen mit der Sprache. Latein hatte einen reichen, komplexen Wortschatz und vor allem den Vorteil, eine Schriftsprache zu sein, die Anspruch auf Universalität und Dauerhaftigkeit erheben konnte. Später wurde das Latein von der Kirche und den mittelalterlichen Gelehrten angenommen und hat bewiesen, dass Worte zwar verfliegen, Geschriebenes aber bleibt.

DAS KLEINEPLUS: FORTBESTAND DER INSELVÖLKER

Während das Gallische mit allen anderen „festlandkeltischen" Sprachen ausgestorben ist, sind die „inselkeltischen" Dialekte noch sehr lebendig. So spricht man heute Walisisch in Wales, Gälisch in Schottland und Irland und Bretonisch in der Bretagne.

VICTRIX CAUSA DIIS PLACUIT, SED VICTA CATONI

Die siegreiche Sache gefiel den Göttern, die unterlegene aber dem Cato

Tour de France, S. 44.

Um diesen Satz des Dichters Lukan aus dem 1. Jahrhundert unserer Zeitrechnung zu verstehen, muss man sich kurz in die Geschichte der ausgehenden römischen Republik vertiefen. Mögen uns alle Puristen diese Zusammenfassung verzeihen. 60 v. Chr. verbündeten sich Julius Cäsar und sein Freund Crassus mit Pompeius, ihrem politischen Gegner, um ein Triumvirat zu bilden. Diese dreiköpfige Regierung führte zu einer sehr provisorischen Waffenruhe in der Reihe von Bürgerkriegen, die die Republik im 1. Jahrhundert v. Chr. heimsuchten und erst mit der Gründung des Kaiserreichs durch Augustus endeten.

Der Tod von Crassus 53 v. Chr. schwächte das Bündnis. Die Rivalität zwischen Cäsar und Pompeius flammte wieder auf, und fünf Jahre später schlugen die Legionen des Ersteren die Truppen des Letzteren in der Schlacht von Pharsalos in Nordgriechenland. Pompeius floh nach Ägypten und wurde ermordet. Cäsar wurde zum Alleinherrscher über Rom, bevor ihn dasselbe Schicksal ereilte wie seinen alten Feind.

Cato Uticensis, genannt auch „der Jüngere", von dem dieser Vers Lukans spricht, war ein Urenkel von Cato dem Älteren. Wie sein glorreicher Ahne ging er in die Politik und unterstützte Pompeius gegen Cäsar. Zu seinem Pech schlugen sich die Götter nicht auf seine Seite. Cato beging 46 v. Chr. in Utica bei Karthago Selbstmord.

Heute kann man mit diesem Denkspruch jemanden ehren, der beharrlich einer Sache dient, die er für gerecht hält, und das obwohl er genau weiß, dass sie verloren ist.

VIDEO MELIORA PROBOQUE, DETERIORA SEQUOR

Ich sehe das Bessere und heiße es gut, dem Schlechteren folge ich

Asterix und die Goten, S. 20.

Die zauberkundige Medea, der Ovid diese Worte zuschrieb, war zweifellos die finsterste Frauengestalt der griechischen Mythologie. Ihr ganzes Leben bestand aus einer einzigen Folge von Flucht, Verbrechen, Verrat und Lüge – eine Serie von Schandtaten, deren Höhepunkt wohl der Mord an ihren beiden Kindern bildete. Nur um deren Vater Jason, der sie verlassen hatte, zu bestrafen, brachte sie die Kleinen um.

Medea fasziniert jeden und ihr grausamer Mythos hat zahlreiche Künstler inspiriert. Ihre Geschichte wurde von Euripides, Seneca, Corneille, Anouilh, Mishima und Quignard geschrieben und adaptiert, von Charpentier, Cherubini und Xenakis vertont und von Delacroix und Mucha gemalt. Pasolini und von Trier haben sie verfilmt, und Maria Callas sowie Isabelle Huppert haben sie gespielt. Sogar in einem japanischen Manga taucht sie auf!

Ovids langes Versepos *Metamorphosen* war den griechisch-römischen Mythen von der Erschaffung der Welt bis zu Julius Cäsar gewidmet und erwähnt natürlich auch Medea. Der zitierte Satz verdeutlicht perfekt die Zwiespältigkeit dieser seltsamen Frau, die heute ein Fall für die Psychiatrie wäre.

VINUM ET MUSICA LAETIFICANT COR

Wein und Musik erfreuen das Herz

Das Geschenk Cäsars, S. 5.

V

Die Römer verbrachten zwar einen großen Teil ihrer Zeit damit, Krieg zu führen, verstanden es aber auch, Feste zu feiern, und hätten dieses Zitat darum durchaus für sich beanspruchen können. Allerdings leitet es sich von einen Bibelspruch aus dem *Ecclesiasticus* ab. Auch *Buch der Weisheit* oder *Jesus Sirach* genannt, darf man dieses im 2. Jahrhundert v. Chr. verfasste Buch (manche Religionswissenschaftler halten es für nicht authentisch) auf keinen Fall mit den *Ecclesiastes* verwechseln.

Das *Buch der Psalmen*, ein anderer wichtiger Text des Alten Testaments, das gewöhnlich auf 460 v. Chr. datiert wird, enthält hundertfünfzig kurze Gedichte zum Ruhme Gottes und der Weisheit. Vers 15 von Psalm 104 handelt vom „Wein, der das Herz des Menschen erfreut" und kündigt so das Wort des Jesus Sirach an. Ebenso ermuntert Psalm 150 dazu, Gott durch Musik mit Saitenspiel, Flöten, Harfe und Zither zu loben.

Während Wein und Musik im heiligen Buch der Juden und Christen eine wichtige Stelle einnahmen, war das 50 v. Chr. in Gallien völlig anders. Der einige Jahrhunderte zuvor von den Griechen eingeführte Weinanbau wurde von den Römern verboten, weil sie das Monopol darauf behalten wollten.

Um unter Galliern zu feiern, trank man ein bisschen Cervisia (Vorläufer des Bieres) oder wie Obelix Ziegenmilch. Das half, die Musik des Barden Troubadix besser zu verdauen, von der man nämlich nicht behaupten konnte, dass sie das Herz erfreut.

sterix bei den Briten, S. 23.

DREIFUSS DIXIT: IN VINO VERITAS. ABER IN AQUA ERSÄUFT MAN.

VIS COMICA

Macht des Humors

Asterix als Legionär, S. 28.

V

Das ist eine Superkraft, über die unsere *Asterix*-Autoren auf jeden Fall verfügen. Schon die Römer wussten dieses Talent zu schätzen und hatten eine Schwäche für Possen und Komödien. Plautus und Terenz, die etwa zweihundert Jahre vor Christus lebten, beherrschten die „Macht der Komik" und schrieben einige Meisterwerke des Humors, von denen sich selbst Molière inspirieren ließ.

Das Sprichwort „Gefälligkeiten erzeugen Freunde, Wahrheit erzeugt Hass" ist ein Beispiel für den bissigen Humor, den Terenz pflegte.

Julius Cäsar war zwar Heerführer und Herrscher, aber auch sehr empfänglich für Humor. Man weiß das, weil er zu Ehren von Terenz ein Epigramm in dessen Grabmal meißeln ließ, in dem die *vis comica* des Autors erwähnt wurde. Eine hübsche Ironie, dass der Ausdruck „Macht des Humors" zum ersten Mal auf einer Grabstele auftaucht!

Terenz konnte die Menschen zum Lachen bringen, sie aber auch zum Nachdenken anregen. So erfand er tiefgründige, treffende Zitate: „Ich bin ein Mensch und denke, dass mir nichts Menschliches fremd ist" oder *quot homines, tot sententiae* (siehe S. 95). Sind Humoristen nicht dafür bekannt, hervorragende Kenner der menschlichen Natur zu sein?

DREIFUSS DIXIT:
BIS REPETITA VIS COMICA:
DAS NENNT MAN
WIEDERHOLUNGSKOMIK.

GNÔTHI SEAUTON (AUF GRIECHISCH)

NOSCE TE IPSUM (AUF LATEIN)
ERKENNE DICH SELBST

Die Trabantenstadt, S. 15.

in einem Buch über Lateinzitate ist es nur angebracht, dass auch einmal die Griechen zu Ehren kommen, da sich die Römer von deren Kultur und Sprache weitgehend beeinflussen ließen. Und wie soll man die Hellenen besser ehren als mit einem Zitat ihres brillantesten Philosophen, Sokrates, dessen Dialoge von zwei Schülern, Platon und Xenophon, aufgezeichnet und so der Vergessenheit entrissen wurden (Sokrates selbst hat keine Schriften hinterlassen)? Anzumerken ist allerdings, dass Sokrates nicht der Urheber dieses Zitates ist, das Chilon von Sparta zugeschrieben wird. Aber er hat es so oft gesagt, dass man es zwangsläufig mit ihm verbindet.

Im 5. Jahrhundert v. Chr. war Sokrates ein intellektueller Leuchtturm des Goldenen Zeitalters von Athen. Aber er war ein so großer Freidenker, dass er das mit dem Leben bezahlte. Er wurde dazu verurteilt, den tödlichen Schierlingsbecher zu trinken, weil er die Götter der Stadt nicht ausreichend geehrt, dafür neue eingeführt und angeblich die Jugend verdorben hatte. Er beging mit Würde Selbstmord und zeigte dadurch allen, dass er in der Lage war, sein Schicksal zu akzeptieren. So bewies er die Überlegenheit der Tugend über das Leben und des Philosophen über den Tod.

Die Aufforderung des Sokrates, sich selbst, sowohl seine eigenen Talente als auch seine Grenzen, zu erkennen, wurde als Kernsatz des Humanismus in den Giebel des Tempels von Delphi eingemeißelt. Er besitzt eine universelle Tragweite und wurde deshalb in alle Sprachen übersetzt. In erster Linie auf Latein: *Nosce te ipsum*.

Dreifuss dixit:
Kalos kagathos: schön und gut.
Das passt zu Sokrates.

INSCHRIFTEN UND SCHILDER

Die Lorbeeren des Cäsar, S. 30.

VERITAS ODIUM PARIT
Wahrheit erzeugt Hass

Tatsächlich hätte Uderzo diesen desillusionierten Satz des Terenz im antiken Rom an einer Wand lesen können. Graffiti (vom lateinischen *graphium*, „Griffel", das sich wiederum vom griechischen *graphein*, „schreiben", „zeichnen", ableitet), die man schon in vorgeschichtlichen Höhlen findet, waren bei den Lateinern sehr beliebt, wie antike Ruinen bezeugen. In der deutschen Version wurde die Inschrift leider getilgt, darum hier die Originalfassung.

Asterix als Gladiator, S. 38.

PANEM ET CIRCENSES
Brot und Spiele

Dieses bissige Zitat, das Uderzo leicht ironisch auf dem Kolosseum angebracht hat, stammt eigentlich aus den *Satiren* des Juvenal und mokiert sich über die niederen Gelüste des Volkes. Zugleich verhöhnte Juvenal damit die Politiker, die den einfachen Leuten nur solche simplen, stupiden Vergnügungen boten.

II MILIA PASSUUM
ZWEITAUSEND SCHRITTE

Rom besaß ein ausgeklügeltes Maßsystem, das die Längen in Finger (*digitus*: 1,85 cm), Handbreit (*palmus*: 7,41 cm), Fuß (*pes*: 29,54 cm), Elle (*cubitus*: 44,36 cm) und Schritt (*passus*: 1,482 cm) unterteilte: *II milia passuum* entspricht also etwa 3 Kilometern oder ungefähr 16 Stadien (*stadium*: 185,25 m).

Asterix bei den Schweizern, S. 18.

...eit um Asterix, S. 5.

MEA REQUIES
MEINE ZUFLUCHT

Es gibt keinen Beleg dafür, dass der Name an diesem Haus einen lateinischen Ursprung hat. Übrigens auch nicht dafür, dass die Römer ihren Behausungen Namen gaben, wie wir das manchmal tun. Ohne Zusatzinformationen betrachten wir dieses *mea requies* also einfach als Witz.

CAVE CANEM
WARNUNG VOR DEM HUND

Hundebesitzer brachten diese Warnung am Eingang ihres Anwesens an. Als antike Entsprechung des Warnschildes „Vorsicht, bissiger Hund" wurde *cave canem* manchmal auch mit Mosaiken ausgeschmückt. Das bekannteste ist in Pompeji in den Boden eines Hauseingangs eingelassen.

WER SIND DIE AUTOREN DIESER HERRLICHEN LATEINZITATE?

Nulla dies sine linea (Kein Tag ohne eine Zeile), notierte Plinius, ein 79 in Pompei gestorbener naturkundlicher Autor. Ein Spruch zu Ehren aller im vorliegenden Buch zitierten grossen lateinischen Autoren, denen wir hier danken.

✒ Cato der Ältere (234-149 v. Chr.)

Dieser konservative Politiker verabscheute die griechische Kultur, die er für verweichlicht hielt, vor allem aber Karthago, von dessen Zerstörung er besessen war. Dafür war er ein Verfechter der traditionellen Werte, die Rom groß gemacht hatten. Er war der Urgroßvater von Cato Uticensis (93–46 v. Chr.), der für Cicero gegen Catilina Partei ergriff (gute Wahl), später für Pompeius gegen Cäsar (schlechte Wahl: wurde zum Selbstmord gezwungen).

✒ Terenz (190-159 v. Chr.)

Der größte lateinische Komödiendichter (mit Plautus: 254–184 v. Chr.) kam in Karthago, der großen Konkurrentin Roms, zur Welt. Terenz schrieb nur sechs Komödien, deren Handlungsführung und Sprachstil das europäische Theater aber stark beeinflussten.

🪶 Cicero (106-43 v. Chr.)

Zum Anwalt ausgebildet, stellte er seine unglaubliche Redegewandtheit in den Dienst seiner politischen Karriere. Er vereitelte mit Erfolg die Verschwörung des Senators Catilina, doch seine Reden gegen Marcus Antonius (die *Philippischen Reden*) kosteten ihn das Leben. Cicero war nicht nur ein großer Redner und gewaltiger Rhetoriker, sondern schrieb auch Poesie.

🪶 Julius Cäsar (101-44 v. Chr.)

Dieser Heerführer, Politiker und Auto-Historiker beschrieb seine eigenen heroischen Taten in den berühmten *Kommentaren zum Gallischen Krieg*, von denen ein Papyrus verschwunden ist (siehe Band 36 der *Asterix*-Abenteuer). Den scharfsinnigen, ehrgeizigen Cäsar haben politische Gegner ermordet, angeführt von seinem „Beinahesohn" Brutus.

🪶 Catull (um 84-54 v. Chr.)

Catull war Sohn einer wohlhabenden Familie vom Ufer des heutigen Gardasees, verkehrte in der römischen „High Society" und hatte wüste Liebschaften mit Frauen und Männern. Er schrieb eine moderne Poesie und erfand viele neue Wörter und Stilformen. Wie ein lateinischer Rimbaud reiste dieser Dichter der ganz neuen Art nach Kleinasien, um Abenteuer zu erleben, und kehrte nach Rom zurück, um an Tuberkulose zu sterben.

🪶 Vergil (70-19 v. Chr.)

Nach zwei langen Gedichten, in denen er das Landleben besang (die *Bucolica* und die *Georgica*), begann Vergil die *Aeneis*, inspiriert von dem Griechen Homer. Dieses Epos über den trojanischen Helden, von der Zerstörung seiner Stadt bis zur Ankunft in seiner neuen Heimat nahe der späteren Stadt Rom, macht Aeneas zum mythologischen Stammvater der Latiner. Vergil starb, bevor er dieses Gedicht in zwölf Gesängen vollenden konnte. Er hatte Freunden aufgetragen, es zu verbrennen, doch Augustus, der erste römische Kaiser, brauchte einen Gründermythos, um seine Macht zu festigen. Darum rettete er dieses Meisterwerk und ließ es veröffentlichen. Umso besser.

Horaz (65-8 v. Chr.)

Horaz war der Sohn eines freigelassenen Sklaven und wurde finanziell von Maecenas unterstützt, einem Vertrauten des Kaisers, von dessen Namen sich der Begriff „Mäzen" ableitet. Durch ihn konnte Horaz frei seine *Satiren*, *Oden* und *Epoden* schreiben und zog aus seiner Lebenslage einen klugen Rat: Nicht versuchen, allen zu gefallen, sondern lieber eine kleine Anzahl von Lesern ganz zufriedenstellen.

Titus Livius (59 v. Chr.-17 n. Chr.)

Dieser pedantische Historiker hat ein Monument verfasst: *Ab urbe condita*, die Geschichte Roms von der Gründung durch Romulus an. Nur 35 Bände (von 142 geschriebenen und 150 geplanten) sind zu uns gelangt. Schade.

Ovid (43 v. Chr.-18 n. Chr.)

Dieser aus einer reichen Familie stammende, sehr populäre Dichter behandelte die Liebe (*Ars amatoria*) und die Mythologie (*Metamorphosen*). Aus einem unbekannten Grund zwang Kaiser Augustus ihn ins Exil. Fern von Rom und verzweifelt, schlug er einen anderen Ton an und verfasste die *Tristia*.

Petronius (14-66)

Von Petronius kann man nur im Konjunktiv sprechen, so geheimnisumwittert ist sein Leben. Angeblich stand er Nero nahe, wurde von diesem blutrünstigen Kaiser aber zum Selbstmord gezwungen und schrieb vor allem den *Satyricon*, der als erster Roman der Literaturgeschichte gilt. Diese Geschichte erzählt die Abenteuer zweier dekadenter junger Römer, die sich in den Jüngling Giton verlieben. Sie wurde von Federico Fellini verfilmt.

Lukan (39-65)

Dieser Dichter hat nur ein episches Werk hinterlassen, die *Pharsalia*, die den Krieg zwischen Cäsar und Pompeius beschreibt. Er stand Nero nahe, der ihm aber bald den raschen Erfolg neidete, und wurde in die gegen den Tyrannen gerichtete Pisonische Verschwörung verwickelt. Wie Petronius und sein Onkel, der Philosoph Seneca, wurde Lukan gezwungen, sich die Pulsadern aufzuschneiden.

Tacitus (55-120)

Nach einer Karriere in der Verwaltung wurde Tacitus Historiker und schrieb die Biografie seines Schwiegervaters, General Agricola. Er interessierte sich weniger für die Schlachten, dafür umso mehr für die Sitten und Gebräuche der eroberten Völker, und hat darum spannende Informationen über die Kaledonier und Germanen überliefert. Dieser Vorläufer aller Ethnologen beschrieb moralisierend und pessimistisch auch den Kaiserhof und schuf schöne psychologische Porträts, insbesondere von Nero und seiner Mutter Agippina.

Juvenal (um 60-130)

Wir wissen wenig über das Leben dieses Dichters, der in seinem gesamten Werk nichts anderes tat, als Rom und die Römer zu kritisieren, nicht zu vergessen alle Ausländer, die er ebenfalls verabscheute. Rücksichts- und schonungslos griffen seine Schriften alle Gesellschaftsschichten an, und zwar in einer pikanten, manchmal derben Sprache. Juvenal erfand zahlreiche geflügelte Wörter wie *vitam impendere vero* (sein Leben der Wahrheit widmen), das Jean-Jacques Rousseau später übernahm.

Sueton (69-126)

Mit seinen *Kaiserviten*, die von Cäsar und den ersten Kaisern handeln, hinterließ uns dieser große Gelehrte eine wertvolle Quelle zur römischen Geschichte. Viele seiner Schriften sind verloren gegangen, insbesondere eine über berühmte Männer (*De Viris illustribus*), und auch über ihn selbst weiß man kaum etwas.

DEMNÄCHST IN ASTERIX?

Diese Zitate tauchen zurzeit in keinem Asterix-Band auf. Versuchen wir einmal zu erraten, was noch kommt ...

Divide et impera (teile und herrsche): Ein zynischer Rat von Machiavelli.

Fama volat (das Gerücht eilt dahin): Vergil sagt damit elegant, dass sich Neuigkeiten rasch rumsprechen.

Festina lente (Eile mit Weile): Diese Weisheit schreibt man Augustus zu. Der hatte eine Menge davon.

Fiat lux (es werde Licht): Steht in der Bibel. Erste Worte Gottes, nachdem er Himmel und Erde erschaffen hatte (im Dunkeln).

Hic et nunc (hier und jetzt): ... oder nie.

Hoc volo, sic iubeo, sit pro ratione voluntas (Das will ich, das befehle ich! Statt einer Begründung gelte mein Wille!): Ein Vers von Juvenal, ein ziemlich autoritärer Bursche.

Homo homini lupus (der Mensch ist dem Menschen ein Wolf): Plautus war ein lupenreiner Pessimist.

Horresco referens (welch schrecklicher Gedanke): Laut Vergil sagte das Aeneas, als er von Laokoons Tod sprach.

Memento mori (bedenke, dass du sterblich bist): Das Leben, wie die Christen es sehen ...

Mens agitat molem (der Geist bewegt die Masse): Oder wie

Vergil erklärt, dass der Verstand die Materie beherrscht.

Mutatis mutandis (nach Änderung des zu Ändernden): Eine gute Devise für alle Unterhändler.

Nolens, volens (nicht wollend oder wollend): Die lateinische Version von „wohl oder übel".

Non decet (das ziemt sich nicht): Praktisch, um jemandem elegant eine Abfuhr zu erteilen.

Non nova, sed nove (nicht neu, aber auf neue Weise): Eine gute Art, alte Ideen zu recyceln.

Oderint, dum metuant (mögen sie mich hassen, wenn sie mich nur fürchten): Eine Devise, die der Tragödiendichter Accius dem Tyrannen Atreus in den Mund gelegt hat.

Omnia vincit amor (alles besiegt die Liebe): Vergil muss echt verliebt gewesen sein.

Surge et ambula (stehe auf und gehe): Sagte Jesus zu einem Gelähmten, den er geheilt hatte.

Sustine et abstine (ertrage und entsage): Die stoische Devise der Stoiker.

Ubi bene, ibi patria (wo es einem gut geht, da ist das Vaterland): Frühe Devise aller Weltenbürger.

Video lupum (ich sehe den Wolf): Bedeutet ungefähr: „Wenn man vom Teufel spricht …"

Vox populi, vox dei (die Stimme des Volkes ist die Stimme Gottes): Slogan für das allgemeine Wahlrecht.

Vulnerant omnes, ultima necat (alle verletzen, die letzte tötet): Beschreibt auf Kirchenuhren die Stunden, die verstreichen … bis zur letzten.

Eine kurze Geschichte Roms

Rom wurde nicht an einem Tag erbaut, doch hier, in wenigen Zeilen, seine Geschichte.

I. Die Legende

Nach der Eroberung seiner Heimatstadt durch die Griechen landet der Trojaner Aeneas auf der Flucht im Latium und heiratet die Tochter des Latinus, König der Latiner. Mit dem Gott Mars zeugt eine Nachfahrin des Aeneas einige Jahrhunderte später Remus und Romulus. Um sie vor einem Onkel zu retten, der ihren Tod wünscht, werden die Zwillinge auf dem Fluss ausgesetzt. Zum Glück passen die Götter auf und eine Wölfin adoptiert sie. Als Erwachsene geraten sie in Streit und Romulus tötet Remus. Nachdem Romulus seinen Bruder beerdigt hat, gründet er Rom und entführt die Töchter seiner Nachbarn, der Sabiner, um die Stadt zu bevölkern.

814 v. Chr.	616–509 v. Chr.	500–400 v. Chr.	264–241 v. Chr.	168 v. Chr.	71 v. Chr.	60 v. Chr.
Gründung Karthagos	etruskische Vorherrschaft (Forum)	Ausbau der Stadt und Gebietserweiterung	1. Punischer Krieg (gegen Karthago)	Eroberung Makedoniens	Sklavenaufstand des Spartacus niedergeschlagen	1. Triumv (Cäsar, Pom Crassus

Um 1150 v. Chr.	753 v. Chr.	509 v. Chr.	390 v. Chr.	218–202 v. Chr.	149–146 v. Chr.	64–63 v. Chr.
Fall Trojas, Aeneas zieht ins Latium um.	Romulus gründet Rom.	Anfang der römischen Republik	Die Kelten plündern Rom.	2. Punischer Krieg	3. Punischer Krieg (Karthago zerstört)	Eroberung von Syrien und Judäa

 ## Die Republik

Die Etrusker organisieren und entwickeln die Stadt, die irgendwann unabhängig und zugleich eine Republik wird. Von den Kelten geplündert, erholt sich Rom wieder, zieht in den Krieg gegen ihre große Konkurrentin Karthago und zerstört diese Stadt. Durch die Eroberung Galliens, Griechenlands und des Vorderen Orients wird Rom mächtig und stark, durch die Bürgerkriege aber wieder geschwächt. Nach der Ermordung Cäsars zerfleischt man sich im Kampf um die Herrschaft. Octavian gewinnt zum Schluss und nimmt den Titel Augustus an. Er ist der erste Kaiser.

 ## Das Kaiserreich

Auf dem Höhepunkt der Macht ist Rom eine grandiose Stadt mit einer Million Einwohnern, deren Reich sich von Schottland bis Syrien erstreckt. Ein Kaiser folgt dem anderen, manche aufgeklärt, andere, wie Nero, ziemlich durchgeknallt. Die Christen werden erst verfolgt, dann breiten sie sich aus und entwickeln ihren neuen Glauben, zu dem die Stadt unter Konstantin bekehrt wird. Das zu groß gewordene Reich wird geteilt. Rom verliert später an seiner überragenden Bedeutung, auch durch die Plünderungen der aus dem Norden einfallenden Barbarenhorden. Mit dem Papst und dem Sitz des Vatikans bleibt die Stadt allerdings bis zum heutigen Tag die Hauptstadt der katholischen Welt.

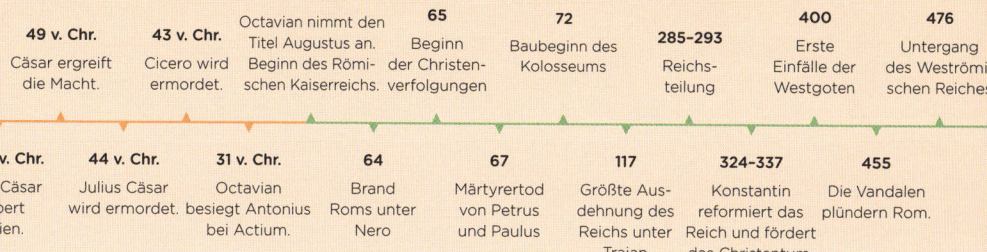

DAS RÖMISCHE REICH

LATEIN, EINE TOTE SPRACHE?

Bis zum 5. Jahrhundert v. Chr. war Latein lediglich eines von vielen italischen Idiomen, also eine der indoeuropäischen Sprachen, die auf jener Halbinsel, die sich noch nicht Italien nannte, in Gebrauch waren. Man sprach es im Latium, der Gegend um Rom, wo auch die ältesten geschriebenen Lateinfragmente aus dem 4. Jahrhundert v. Chr. gefunden wurden. Etruskische und griechische Einflüsse – insbesondere der Gebrauch des Alphabets – bereicherten die Sprache und die Stadt, die wohlhabend und immer eroberungslustiger wurde. Zwischen dem 5. und dem 2. Jahrhundert v. Chr. beherrschte Rom einen großen Teil der Halbinsel und zwang den eroberten Völkern sein noch archaisches Latein auf.

Ende des 1. Jahrhunderts v. Chr. strukturierte sich die Sprache. Das war das Goldene Zeitalter des klassischen Lateins, das man zu Beginn unserer Zeitrechnung sogar als „kaiserlich" bezeichnet hat. Rom, das sich damals vom heutigen England bis nach Syrien hinein erstreckte, stand auf dem Höhepunkt seiner Macht. Nun waren die Besatzer so schlau, den eroberten Völkern die Möglichkeit zu geben, Bürger des Reichs zu werden, und um diese Vorteile richtig ausnutzen zu können, musste man vorher natürlich die Sprache lernen! Darauf entwickelte jede Provinz ein Vulgärlatein, das sich je nach Kontext wandelte und Elemente der ursprünglichen Lokalsprache aufnahm.

Als das Reich im 5. Jahrhundert unterging, verästelten sich die regionalen Dialekte. Aus ihnen entwickelten sich Französisch, Spanisch, Okzitanisch, Portugiesisch, Rumänisch, Katalanisch und Italienisch. Gemeinsam bilden sie die romanische Sprachfamilie.

Latein überlebte das Römische Reich. Bis ins 18. Jahrhundert hinein blieb es die Sprache der Bildung und internationalen Beziehungen. Wie mit einer Art kulturellem Esperanto konnten Gelehrte, Philosophen und Professoren darin kommunizieren. Auf Latein konnte der Engländer Newton die Arbeiten des Holländers Spinoza lesen, der wiederum dem Franzosen Descartes Briefe schrieb. Bis in die Mitte des 20. Jahrhunderts hinein gehörte es zur „klassischen" Bildung junger Leute aus gutem Hause einfach dazu, Latein – eventuell sogar Griechisch – zu lernen. In manchen deutschen und französischen Familien sprach man sogar bei Tisch Latein!

Die katholische Kirche hat sich in Rom strukturiert, weil sich der Apostel Petrus dort aufgehalten und Kaiser Konstantin sich zwischen 312 und 337 zum Christentum bekehrt hatte. Die Sprache Cäsars blieb bis 1962 (2. Vatikanisches Konzil) offizielle Kirchensprache. Vor allem aber haben die mittelalterlichen Mönche durch jahrhundertelange Lateinübersetzungen und handschriftliche Kopien einen großen Teil des antiken Wissens gerettet, sodass Ciceros und Vergils fundamentale Gedanken die Zeit überdauert haben.

Zu erwähnen wäre hier noch das juristische Latein, durch das im Rechtssystem selbst recht fragwürdige Grundsätze mit einer gewissen Autorität verkündet werden, und das wissenschaftliche Latein mit dem universellen Vokabular für die Klassifizierung der Arten. Dieses Latein benutzt man immer noch in jedem Gericht sowie in der Zoologie, der Botanik und der Anatomie.

DU HATTEST UNS EINE SIEGESFEIE' VE'SP'OCHEN. DAS WA' NICHT ÜBE'T'IEBEN!

Liste der lateinischen und deutschen Zitate

A

Ab imo pectore	8
Abusus non tollit usum	119
Acta est fabula	10
Ad astra per aspera	13
Ad augusta per angusta	12
Ad testudinem!	63
Age quod agis	119
Ähnliches wird mit Ähnlichem geheilt	33
Alea iacta est!	14
Alles oder nichts	22
Anima sana in corpore sano	67
Applaudiert, Bürger!	11
Argumentum baculinum	16
Ars longa, vita brevis	33
Auch du, mein Sohn!	112
Audaces fortuna iuvat	18
Auri sacra fames	20
Aus dem Nichts entsteht nichts	71
Aus der Ferne besehen ist alles schön	64
Aut Caesar aut nihil	22
Ave, Caesar, morituri te salutant	24

B

Beati pauperes spiritu	26
Beati possidentes	27
Bis repetita placent	28
Brot und Spiele	140

C

Carpe diem	40
Cave canem	141
Cave ne cadas	103
Cessante causa, cessat effectus	107
Cogito, ergo sum	30
Contraria contrariis curantur	32
Cor unum, anima una	9

D

Darauf zu bestehen ist teuflisch	49
Das Geschehene ist Geschichte	10
Das ist witzig, weil absurd	55
Das muss man als Unglück bezeichnen	68
Das muss man mit einem schwarzen Stein bezeichnen	68
Das strengste Recht ist das größte Unrecht	106
Das Teil ist im Ganzen, das Ganze ist nicht im Teil	107
Dat veniam corvis, vexat censura columbas	34
Delenda Carthago	36
Denke daran, dass du sterblich bist	47
Den Raben verzeiht, die Tauben plagt die Kritik	34
Den Tapferen hilft das Glück	18
Der Würfel ist gefallen!	14
Der Zorn ist eine kurze Raserei	58
Desinit in piscem mulier formosa superne	38
Die Kunst ist lang, das Leben kurz	33
Die Messe ist aus	109
Diem perdidi	40
Die siegreiche Sache gefiel den Göttern, die unterlegene aber dem Cato	130
Die Sonne scheint für alle	104
Die Todgeweihten grüßen dich	24
Die Zeit flieht	55, 81
Die Zeit zerstört alles	81
Dignus est intrare	42
Donec eris sospes, multos numerabis amicos	44
Dulce et decorum est pro patria mori	46
Duos habet et bene pendentes	103
Durch die Enge zum Erhabenen	12

Durch Mühsal gelangt man zu den Sternen	13

E

Ein einziger Zeuge, gar kein Zeuge	95
Ein einziges Herz, eine einzige Seele	9
Ein Heil bleibt dem Besiegten allein, kein Heil mehr zu hoffen	116
Einmal Erbe, immer Erbe	107
Ein schlagendes Argument	16
Ein Tag, den man mit einem weißen Stein markieren muss	69
Eitelkeit der Eitelkeiten, alles ist eitel	85
Entweder Cäsar oder nichts (alles oder nichts)	22
Erkenne dich selbst	138
Errare humanum est	48
Erstens nicht schaden	33
Es ist alles ganz eitel	124
Es ist würdig einzutreten	42
Et nunc, reges, intelligite, erudimini, qui iudicatis terram	50
Exegi monumentum aere perennius	52
Ex nihilo nihil fit	71

F

Facetum est quia absurdum	55
Fällt die Ursache fort, entfällt auch die Wirkung	107
Felix qui potuit rerum cognoscere causas	54
Fluctuat nec mergitur	56

G

Gebrauchen, nicht missbrauchen	118
Gegensätzliches wird mit Gegensätzlichem geheilt	32
Gehe in Frieden	121
Gehet hin in Frieden!	11
Gesprochenes vergeht, Geschriebenes bleibt	128
Gesunder Geist in einem gesunden Körper	66
Gib Cäsar, was Cäsar gehört	100
Gloria victis!	123
Glücklich sind die Besitzenden	27
Glücklich, wer den Dingen auf den Grund sehen konnte	54
Gnôthi seauton (griechisch)	138

H

Habemus papam	103
Harte Arbeit siegt über alles	55
Hoch die Herzen!	108
Hüte dich vor dem Sturz.	103

i

Ich denke, also bin ich	30
Ich fürchte die Danaer, auch wenn sie Geschenke bringen	110
Ich habe ein Denkmal errichtet, dauerhafter als Erz	52
Ich habe einen Tag verloren	40
Ich kam, sah, siegte!	126
Ich sehe das Bessere und heiße es gut, dem Schlechteren folge ich	132
Il milia passuum	141
Im Schwanz befindet sich das Gift	39
In cauda venenum	39
In einem Fischschwanz endet das schöne Weib	38
Inventio, dispositio, elocutio, actio, memoria	91
Ira furor brevis est	58
Irren ist menschlich	48
Ita diis placuit	60
Ite, missa est	11

J

Jetzt heißt es trinken	76

K

Kai su teknon (griechisch)	113
Kalos kagathos (griechisch)	139
Karthago muss zerstört werden	36

L

Labor omnia vicit improbus	55
Lapide diem candidiore notat	69
Legio expedita!	62

M

Macht des Humors	134
Major e longinquo reverentia	64
Man darf seine Hoffnung nur in sich selbst setzen	79
Man wird alles leid, außer etwas Neues zu lernen	79

Mare nostrum	104
Mea requies	141
Meine Zuflucht	141
Melioribus annis	65
Memento mori	47
Mens sana in corpore sano	66
Missbrauch schließt den Gebrauch nicht aus	119

N

Nicht alles können wir alle	74
Nicht jedem ist es vergönnt, Korinth anzulaufen	72
Nichts Neues unter der Sonne	71
Nichts wird seinen Anordnungen gerecht	70
Nigro notanda lapillo	68
Nihil conveniens decretis eius	70
Nihil novi sub sole	71
Noch ein bisschen Geduld, und alles wird übel enden	69
Non licet omnibus adire Brivatum	73
Non licet omnibus adire Corinthum	72
Non omnia possumus omnes	74
Non possumus	75
Nosce te ipsum (auf Latein)	138
Nunc est bibendum	76
Nutze den Tag	40

O

O die glücklichen Landleute, würden sie doch ihr Glück erkennen!	78
O fortunatos nimium, sua si bona norint, agricolas!	78
O tempora, o mores!	80
O Zeiten, o Sitten!	80

P

Panem et circenses	140
Pars est in toto, totum non est in parte	107
Pax romana	82
Perseverare diabolicum	49
Plaudite, cives!	11
Primum non nocere	33

Q

Qualix artifex pereo	84
Qui bene amat bene castigat	87

Quid novi, fili?	88
Qui habet aures audiendi, audiat	86
Quis, quid, ubi, quibus auxiliis, cur, quomodo, quando?	90
Quod erat demonstrandum	67
Quomodo vales?	92
Quot capita, tot sensus	94
Quousque tandem?	96
Quo vadis?	98

R

Redde Caesari quae sunt Caesaris	100
Römischer Frieden	82
Ruhm den Besiegten!	123

S

Sapere aude	59
Selig sind die geistig Armen	26
Semel heres, semper heres	107
Sic transit gloria mundi	102
Sie können, weil sie wissen, dass sie es können	79
Sie schaffen eine Wüste und nennen das Frieden	114
Signa inferre! Praege! Concursu! Ad gladios! Infestis pilis!	62
Similia similibus curantur	33
Si vis pacem, para bellum	83
Sobald der Himmel sich mit Wolken bedeckt, bist du allein	45
Solange du glücklich bist, hast du genug Freunde	44
Sol lucet omnibus	104
So seid nun verständig, ihr Könige, lasst euch warnen, ihr Richter auf Erden	50
So vergeht der Ruhm der Welt	102
So viele Köpfe, so viele Meinungen	94
Stillgestanden!	62
Summum ius, summa iniuria	106
Sursum corda!	108
Süß und ehrenvoll ist's, fürs Vaterland zu sterben	46

T

Tempora si fuerint nubila, solus eris	45
Tempus edax rerum	81
Tempus fugit	55

Testis unus, testis nullus	95, 107
Timeo Danaos et dona ferentes	110
Tu quoque, fili!	112
Tu, was du tust	119

U

Ubi solitudinem faciunt, pacem appellant	114
Una salus victis, nullam sperare salutem	116
Uti, non abuti	118
Uti possidetis, ita possideatis	107

V

Vade in pace	121
Vademecum	121
Vade retro!	120
Vae soli!	125
Vae victis!	122
Vanitas vanitatum et omnia vanitas	124
Venire, pergere!	63
Veni, vidi, vici	126
Verba volant, scripta manent	128
Verfluchter Hunger nach Gold	20
Veritas odium parit	140
Victrix causa diis placuit, sed victa Catoni	130
Video meliora proboque, deteriora sequor	132
Vinum et musica laetificant cor	134
Vis comica	136
Von den Wogen geschüttelt, wird es doch nicht untergehen	56
Von ganzem Herzen	8
Vorwärts, marsch!	63

W

Wage es, weise zu sein	59
Wahrheit erzeugt Hass	140
Warnung vor dem Hund	141
Was Neues, mein Sohn?	88
Was zu beweisen war	67
Wehe dem Einzelnen!	125
Wehe den Besiegten!	122
Weiche zurück!	120
Wein und Musik erfreuen das Herz	134
Welch großer Künstler scheidet mit mir dahin	84
Wenn du Frieden willst, bereite den Krieg vor	83
Wenn ich einen Schmerz vorhersehen kann, kann ich ihn ertragen	79
Wer Ohren hat zum Hören, der höre!	86
Wer richtig liebt, züchtigt gut	87
Wer, was, wo, mit welchen Mitteln, warum, auf welche Weise, wann?	90
Wie es den Göttern gefiel	60
Wie geht es dir?	92
Wie ihr besitzt, so sollt ihr besitzen	107
Wie lange noch?	96
Wir haben einen Papst	103
Wohin gehst du?	98

Z

Zweimal Wiederholtes gefällt	28
Zweitausend Schritte	141

Kleine Bibliografie

Alle Bände der Abenteuer von Asterix dem Gallier, Goscinny-Uderzo, Egmont Ehapa Verlag, Berlin.

Die Bibel, die echte, und die andere Bibel: die rosa Seiten des Lexikons *Larousse*.

Paul Desalmand/Yves Stalloni, *365 expressions latines expliquées*, Éd. du Chêne, 2013.

Élisabeth Daumesnil, *Les 100 citations et locutions pour ne pas perdre son latin*, Éd. Figaro Littéraire, 2015.

Phil Casoar und Jean-Pierre Mercier, *L'Album Goscinny*, Éd. Les Arènes, 2002.

Estelle Debouy, *Alea jacta est*, Éd. Pocket, 2016.

Chris Scarre, *Atlas de la Rome antique*, Éd. Autrement, 1995.

Nathan Grigorieff, *Citations latines expliquées*, Éd. Eyroles, 2004.

Félix Gaffiot, *Dictionnaire latin-française Gaffiot*, Éd. Hachette, 2001.

Alain Rey, *Dictionnaire historique de la langue française*, Éd. Le Robert, 1993.

Olivier Andrieu, *Le Livre d'Astérix le Gaulois*, Éd. Albert René, 1999.

www.asterix.com

DANKSAGUNGEN

Der Autor dieses Buches dankt:

Marie und Catherine R., ohne die ich es nicht geschrieben hätte, mit einem besonderen Gedanken an Liseran, ihrer malenden Mutter.

Zelda Zonk, meiner Partnerin bei anderen literarischen Spielereien.

Fabienne und Laurence für ihr Vertrauen; Aline und Sabine für ihre Beständigkeit; Audrey für die Gestaltung und Herrn François Zingg, der nie sein Latein und sein Lächeln verloren hat.

Denis Lascar für seine Spürnase und Benoît Dutartre für sein Phlegma.

Pierre Bonfils, Jean-Emmanuel Bibault und ihrem Team von Pompom-pidou sowie Danielle Carrey und ihrer kleinen fröhlichen Welt im Souterrain.

Aline Allam, Michel Krumoltz und Jacques Barré für geleistete Wohltaten.

Allen meinen lieben Freunden, die mich durch ihre Ratschläge, ihre Belehrungen, ihr Gegenlesen, ihre Geschenke oder ihre Anwesenheit sehr unterstützt haben.

Natürlich danke ich auch Catherine, Suzanne und Rosalie, meinem Jean-Père seit vierzig Jahren, meiner Mutter Michèle für alles und meiner ganzen Familie für den Rest.

Und meine besondere Hochachtung gilt Herrn Goscinny, der, seit ich lesen kann, eins meiner großen Vorbilder ist, um quer zu denken und geradeaus zu lachen.

ASTERIX – UNBEUGSAME LATEINZITATE VON A BIS Z
ASTÉRIX – LES CITATIONS LATINES EXPLIQUÉES DE A À Z

Aus dem Französischen von Klaus Jöken

Übersetzung der originalen Textzitate aus „Asterix der Gallier",
„Die goldene Sichel", „Asterix und die Goten", „Der Kampf der Häuptlinge",
„Asterix als Gladiator", „Tour de France", „Asterix und Kleopatra",
„Asterix bei den Briten", „Asterix als Legionär", „Asterix und die Normannen",
„Asterix und der Arvernerschild", „Asterix und der Kupferkessel", „Die Lorbeeren
des Cäsar", „Asterix in Spanien", „Asterix bei den Olympischen Spielen",
„Asterix bei den Schweizern", „Streit um Asterix", „Das Geschenk Cäsars",
„Die Trabantenstadt", „Asterix auf Korsika", „Die große Überfahrt", „Obelix GmbH
& Co. KG", „Asterix bei den Belgiern", „Der große Graben", „Die Odyssee", „Der
Sohn des Asterix", „Asterix im Morgenland" und „Asterix und Maestria":
Gudrun Penndorf M. A.

Deutsche Textbearbeitung der oben genannten Alben: Adolf Kabatek
Deutsche Textbearbeitung der Alben „Asterix im Morgenland" und
„Asterix und Maestria": Adolf Kabatek und Michael F. Walz

Übersetzung der originalen Textzitate aus „Obelix auf Kreuzfahrt" und
„Asterix und Latraviata": Michael F. Walz

Übersetzung der originalen Textzitate aus „Asterix plaudert aus der Schule":
Horst Berner, Wolfgang Kukulies

9. Auflage 2026
Verantwortlicher Redakteur: Fabian Gross
Gestaltung und Lettering: Michael Möller
Textbearbeitung: Etsche Hoffmann-Mahler
Koordination: Angelika Schönhuber

ASTERIX® OBELIX® IDEFIX®
© 2016 LES ÉDITIONS ALBERT-RENÉ/GOSCINNY – UDERZO
© der vorliegenden Ausgabe und der deutschen Übersetzung:
© 2026 LES ÉDITIONS ALBERT-RENÉ/GOSCINNY – UDERZO
verlegt von: Egmont Ehapa Media GmbH

Texte von Bernard-Pierre Molin
Die Abenteuer von Asterix sind eine Erfindung von René Goscinny
und Albert Uderzo.

Erste Veröffentlichung in deutscher Sprache: Egmont Ehapa Media GmbH, 2017
Printed in the EU
ISBN 978-3-7704-3983-6

Unsere Bücher finden Sie im Buch- und Fachhandel und auf

www.egmont-shop.de

Wer mehr über Asterix und Obelix erfahren möchte –
hier werden alle Gallierfreunde fündig: